U0919097

海贼王
教我的50件事

冒牌生 著

PIRATE KING

CNS | 湖南人民出版社 博集天卷 CS-BOOKY

图书在版编目（CIP）数据

海贼王教我的50件事 / 冒牌生著 . —— 长沙 : 湖南人民出版社 , 2013.10
ISBN 978-7-5438-9922-3

Ⅰ . ①海… Ⅱ . ①冒… Ⅲ . ①人生哲学—通俗读物
Ⅳ . ① B821-49

中国版本图书馆 CIP 数据核字（2013）第 255563 号

上架建议：人生哲学 / 励志

海贼王教我的50件事

作　　者：冒牌生
出 版 人：谢清风
责任编辑：胡如虹
监　　制：于向勇
策划编辑：郭　群
装帧设计：崔振江
内文插画：可桃子
出版发行：湖南人民出版社［http://www.hnppp.com］
地　　址：长沙市营盘东路 3 号
邮　　编：410005
印　　刷：北京天宇万达印刷有限公司
经　　销：新华书店
开　　本：880mm × 1270mm　1/32
字　　数：127 千字
印　　张：7.25
版　　次：2013 年 12 月第 1 版
印　　次：2013 年 12 月第 1 次印刷
书　　号：ISBN 978-7-5438-9922-3
定　　价：30.00 元

（若有质量问题，请致电质量监督电话：010-84409925）

自序

这世界够负面的了！而按下赞(社交网站上的 like 按钮，中文译为“赞”，点击 like 就叫按赞)，是在说我们渴望让这个世界变得更美好。

今年二十六岁的我，出生在二十世纪，活在二十一世纪的自由空气和蓝天里。从小就渴望着快点长大，希望自己将来有能力和路飞一样改变世界。长大以后却发现，地球比想象中危险，改变世界并不如想象中容易。

十五岁那年，我被父母送到牛羊比人多的新西兰，开始长达七年的小留学生生活，完成了高中以及大学的学业。

二〇〇八年发生了举世震惊的金融海啸，二十二岁的我大学毕业回台湾入伍，成了英语专长替代役（台湾地区所实施的服役方式之一）；二〇一〇年退伍后，因为经济不景气，我成了无业游民，这也让从小怀抱着梦想的我发现，这个世界变化莫测，不如我想象中那么简单。

在那段期间，我唯一能做的事情，除了拼命找工作外，就是上社交网站抒发一下郁闷的心情，和一群未曾谋面的网友互相打气。

也许很多年轻人都曾遭遇过我当时的心情：感到青春渐渐退色，对于很多事情不再深信不疑，取而代之的是失落……

在迷惘之中，我再次翻开了高中、大学时代最爱看的《海贼王》。

这次，我从中得到的东西却不太一样。

过去，我着迷于路飞和一群年轻人的热血激情，以及他们所拥有的人性中美好的特质：热情、义气、乐于助人……可是，我越看越觉得，作者尾田荣一郎所设定的世界并没有那么和谐；在路飞的世界里，人与人之间、国家与国家之间，同样充斥着和现实世界里不相上下的复杂和矛盾。

原来，就连《海贼王》看似善恶分明的世界，也不是那么单纯。

《海贼王》故事里的世界，演绎了许多由于种族、阶级、宗教、领土、歧视等原因所产生的冲突；而在路飞和伙伴们帮助他人的过程中，由于挂着海贼的旗帜，遭到不少人的白眼、唾弃和误解，甚至引来海军的追杀。可是，即便路飞一行人在旅途中感到迷惘，仍然保持着乐观进取的精神，继续昂首在旅途中向前迈进。我相信这就是路飞的世界永远看起来那么美好的原因。

在这个人生最低潮的时期，我开始将自己在生活中的小感悟搭配着海贼王的图片，通过社群网站传播出去，希望能让更多人和我一样，跟随着路飞和伙伴们的冒险，一步步找回自己，迈向成长之路。

没想到，在短短一年的时间里，“海贼王惊点语录粉丝团”获得了几十万网友的支持和数不清的赞誉，连我自己也觉得不可思议！也因为网友们的热情响应和回馈，让这个无心插柳的创作，持续到了现在。

感谢所有加入“海贼王惊点语录粉丝团”的网友！因为你们，才有这本书的诞生。但愿这些文字能带给你们一些正面思考的力量，使你们的人生更快乐。

前言

人生短暂无常，如果你曾遇到过一个“有点疯”的朋友，请好好珍惜你们在一起的日子！

高中时，我一个人到新西兰读书，班上有二三十名外国学生，都对我非常友善。但是，刚搬进学校寝室时，我始终感觉内心有些不安。有一次，我看到一位泰国同学班恩正用计算机看着《海贼王》的漫画，才发现原来我们是同好，顿时多了一份亲切感。

班恩的肤色有着热带国家人种独有的黝黑，个头不高，个性超级乐天又热情，这让我联想到路飞，总是不知不觉地想和他一起胡闹。

就像路飞的梦想是成为海贼王一样，喜欢《海贼王》的班恩也有一个梦想：他想成为一名机长，开着飞机翱翔天际，环游世界。

我们学校可以选修驾驶飞机的课程，所以班恩每周都有飞上天的机会。只要到了那天，他整个人就特别地兴奋，还会呼朋引伴地把朋友带回寝室一起谈天说地，而此时，我必须像海军一样，扮演讨厌鬼的角色，提醒他宿舍到了晚上十二点就必须熄灯。

每次当我提醒班恩时，他都会双手合十，诚恳地说："谢谢您！"

一开始，我不知道该如何响应，但没有多久，我就不以为然了，因为一天会听到好几次这样的话。

班恩为了实现开飞机的梦想，一周有两天的下午要到校外做机长的专门训练。奇怪的是，在他接受训练的那段时间，我的手机常会显示来自班恩的未接来电，而电话总是在我还没接起来之前就挂断，一个下午多达十来通。

这种情况持续了两三个月后，我逐渐失去了耐性。

有一次班恩去补习时，同样的情况再度发生。于是，我告诉同寝室的室友，如果班恩再打电话来，我一定要好好教训他！

结果，不到短短十秒钟，我的室友乔瑟夫就冒出一句话："哎呀！一定又是班恩打电话来了。"

果然没错！我按下通话键，向电话另一头的班恩大吼："你这个讨厌鬼，别再恶作剧了，一点也不好玩！"

等到班恩补习回来时，我早已忘了这件事，但其他同学却兴冲冲地等着看好戏。

既然我刚才已经把狠话说出口了，这下子不得不付诸行动。

于是，我走向班恩的书桌，故意用很夸张的动作拿起他的手机，慢慢地搜寻他的电话簿，找到我的手机号码后，按下了删除键。我高举他的手机向班恩示威，结果，站在远处的班恩，竟然对我笑着眨眼。

我也忍不住笑了。

我慢慢地走回班恩身边，把自己的电话号码重新输入他的手机里，然后耸耸肩，把手机递回去给他。

班恩双手合十，开口了："谢谢您！"

那次以后，我再也没接到班恩的任何恶作剧电话。

升上高二后，我转学到另一所高中，和班恩不再是室友。

但是，缘分这东西真的很奇妙，在升上大学后，班恩竟然又成了我的同班同学。他的肤色看起来比以前更黝黑、更健康了，还是一样地彬彬有礼，一样爱看《海贼王》。

有一次，为了期中报告，全班同学分成几个研究小组讨论。某个周五的晚上，小组成员们聚在一起讨论时，也许是因为已经做了半个月的准备，大家都感到十分疲累，我感觉有一股低压抑的气氛笼罩着大家……

身为组长的班恩，似乎很努力地想要改善这种不愉快的气氛。于是，他请小组成员们把自己的名字写在一张纸上，然后请每个人想出其他组员的优点，写在底下的空白处。

我们花了一个晚上的时间才完成了这项任务，当大家将那张纸交给班恩时，熟悉的画面又出现了，他双手合十，对着每位组员说：“谢谢您！”

第二天晚上，班恩发给每个人一张纸，那张纸是从《海贼王》的笔记本里撕下来的，上头还印着《海贼王》主角们其乐融融的合照，纸上则记录着每个人的优点。

没多久，我看到整个小组成员的脸上纷纷出现了开心的表情，甚至听到其他人窃窃私语：“真的吗？”“我没有想过他也会注意到这点？”“我以前怎么不知道他对我的感觉这么好！”

自此以后，小组成员之间的相处也融洽许多。

大学毕业回到台湾之后，我和班恩逐渐失去了联络。

前年的新年假期刚结束没多久，电视里突然传来新西兰的南岛发生了严重大地震的新闻，于是我立刻透过 MSN 联系当地的朋友乔瑟夫，我们在线聊了很多，都是一些平常的对话。

突然之间，乔瑟夫有好一阵子都没有回应我，令坐在计算机前的我感到莫名的紧张。约莫二十分钟后，facebook(脸谱网)上显示乔瑟夫正在输入讯息，好像有什么事情要发生了……不久，屏幕上出现了一则讯息：“班恩的家里刚才打电话来……”

“真的吗？”我说，“这几年我都没有听到班恩的消息，很想知道他过得怎么样，一切都还好吧？”

从 facebook 上看不出乔瑟夫当时的心情，但我永远不会忘记，随后出现在计算机屏幕上的画面，由左而右、慢慢地浮现了一行字：“班恩是这次地震的罹难者，下周会举行葬礼的公开仪式，如果你出席的话，相信大家都会很高兴。”

班恩的葬礼在我们就读的那所高中一座小小的教堂中举行，当天，教堂里挤满了班恩的亲朋好友。

牧师在台前念念有词地做着例行的祷告，管风琴乐队则在一旁演奏着哀乐。

那是我第一次看到已成为机师的班恩，他静静地躺在棺材中，看起来依旧黝黑帅气，而且显得更加成熟了。

班恩的朋友们一个接着一个地走向他的棺木，在上面洒了圣水。我也把从台湾带去的《海贼王》漫画第一集，默默地放在班恩冰冷的怀抱里。

班恩的母亲一脸哀戚地走向我，问道：“还记得我吗？”

我点了点头。

“班恩曾经和我说了好多你的事情，很谢谢你那时候那么包容他。”

她说：“班恩曾说过，高中时一个人离家在外，每当黄昏走在异国街头，看到美丽的夕阳时，总会特别想家。因此，他在前往补习班的路上，常常会对着手机低声念道：'家里''家里'，等到电话拨通后立刻挂掉，就这样反复进行这个无意识的举动。"

而他所设定的"家里"电话，就是我的手机号码。

听到这件事，我的脑海中第一个浮现的念头是："班恩，如果你能够站起来和我说话，我愿意永远接到你的电话！"

可惜我再也听不到他的声音了。

葬礼结束后，班恩的一群朋友在门口等着他的父母亲，似乎有话要说。

"我们有一些东西想要给你们看。"其中一位男同学从口袋里拿出一个皮夹，说："班恩走了以后，我们找到了这个，希望透过它，再一次好好地怀念班恩。"

他将包装纸小心翼翼地打开，拿出两张已经有些破损的笔记本内页。

我不用看，就知道那几张纸是当初班恩给我们的纸条，上面列着小组成员给彼此的赞美词。

"很谢谢他为我们做了这些……"那名男同学感慨地说，"我一直很珍惜它。"

另一个女同学腼腆地接着说："我也还留着这张纸，放在结婚相簿里。"

有位女同学开口了："我做了一张一模一样的小纸条给

我的孩子。”

“我也还留着……”我从随身的笔记本中抽出一张满是褶皱的纸，微笑地说，“我一直都随身带着这张纸！”

这张纸就像《海贼王》里艾斯给路飞的生命纸[1]，是我们和班恩之间的连结，就像我们对他的思念，永远不会消失。

离开新西兰的那一天，我看着蔚蓝的天空和白色的云朵，忍不住哭了……为了英年早逝的班恩而哭，也为了再也不能见到像路飞那样熟悉的伙伴而哭。

乔巴的恩人希鲁鲁克医生死前曾经说过：“一个人在被世人遗忘的时候，才是真正的死亡。”[2]就算班恩已经离开了这个世界，我还是会一直记得他。每当我在计算机前写下一则则“海贼王惊点语录”时，我也特别怀念那段光辉灿烂的日子。

从小到大，《海贼王》一直是我最爱的读物，我很感谢这个故事陪伴着我一路长大。开始经营“海贼王惊点语录”粉丝团后，过去不爱读书的我也一直反复阅读着《海贼王》，虽然它只是一本老少咸宜的漫画，却从很多方面鼓励着现实生活中的我。此外，它也教会了我有爱就有勇气，有勇气就有成长。

---

[1] 典出单行本第 18 集。

[2] 典出单行本第 16 集。

目录
CONTENTS

第一章 青春篇

第二章 友情篇

目录

第三章 工作篇

海贼王
教我的 50 件事 / 4

CONTENTS

目录

第五章 成长篇

Everything starts from here

第一章
青春篇

01_

时间总在火烧屁股中流逝，而人则是在火烧屁股中燃烧殆尽

从小到大，我虽然不是一看到课本就头痛，但也绝对不是个爱念书的孩子。有时明明知道快考试了，应该加紧脚步、用功读书，可在潜意识里总会找其他事情来拖延一番，比如说打扫房间，或是再多看几本《海贼王》漫画……等到时间真的来不及了，才心不甘情不愿地翻开课本。

大人们常说做学生的本分就是好好念书，仿佛书读得不好就是愧对家人。也许是逃避现实的心理作祟，或是不知道自己到底为了什么而念书，我的成绩始终徘徊在“及格与不及格”的边缘，得过且过。

后来上了大学，每天的生活都在匆匆忙忙之中度过，日子虽然看起来很忙碌充实，可是静下心来之后才发现自己不知在瞎忙什么，无论有没有意义，时间就这样一分一秒、无情地过去了。

谁都晓得青春宝贵不能浪费，却不知道怎样做才是真正的珍惜。

时间对每个人来说都是公平的，当你还拥有它的时候，或许会觉得时间还很多，一旦失去了，才发现它早已燃烧殆尽。

在人生中，最宝贵也是最易被挥霍殆尽的青春岁月，正是考验你有没有浪费时间，懂不懂得珍惜生命价值的关键时期。

年少时，我一直期盼着自己能够早点长大，不必再任由父母安排一切，可以随心所欲、自由自在地过自己想要的生活。但是，大学毕业后踏入社会，我逐渐明白，小时候埋头苦读，其实是为了长大后不要被残酷的现实追着跑。

《海贼王》中的考古学家罗宾曾经说过："历史会重来，但是时间是无法从头再来的。"[1]这句话也同样适用于青春的批注。

在这部传递梦想和热血的漫画中，路飞梦想成为海贼王，在大海中自由地遨游；索隆想要成为扬名世界的剑客；娜美想要描绘出自己眼中的世界地图；乌索普想成为一位英

---

[1] 典出单行本第 29 集。

勇的海上战士；山治想找到海洋食材聚集的传说之海“ALL BLUE”；乔巴想成为万能的医生；罗宾想要看尽世界所有的历史；弗兰奇想让伙伴乘着梦想之船驰骋大海；布鲁克想要实现跟伙伴们之间的约定……每个人都为了追逐各自的梦想而出海。

正值青春的你，内心是否也有对于梦想的渴望？趁着年轻，早点决定自己的人生方向，朝着目标，努力前进吧。不要等到青春岁月溜走以后才来思考：曾经走过的路，究竟有没有意义？更不要在蹉跎光阴之后才懊恼自己没能好好把握青春。

人要想清楚的三个问题：第一你有什么？第二你要什么？第三你能放弃什么？

02_

不管你想不想，人生中总有件事会逼着你一夜长大

在《海贼王》里，每位主角几乎都有一个坎坷的童年。逼着路飞长大的，是红发香克斯的手[1]；逼着索隆长大的，是青梅竹马的女孩意外去世[2]；逼着娜美长大的，是养母的牺牲[3]；逼着乌索普长大的，则是母亲的死亡[4]；逼着乔巴长大的，是父母的遗弃[5]；而逼着山治长大的，竟是流落荒岛时，“红脚”哲普自己吃掉的脚[6]……他们的成长，往往是别人用一条手臂或一只脚，甚至一条命换来的。

在真实世界里的我们，很幸运地一路平平稳稳地长大，

---

[1] 典出单行本第 1 集。

[2] 典出单行本第 1 集。

[3] 典出单行本第 9 集。

[4] 典出单行本第 5 集。

[5] 典出单行本第 16 集。

[6] 典出单行本第 7 集。

但是，仍然免不了要面对另一个残酷的事实：

逼着我们长大的，是这个瞬息万变的世界。

离开校园后，不晓得从什么时候开始，朋友们聚会时谈论的话题，从网络游戏、偶像明星、动漫电影，变成了车子、房子……闲聊的八卦也不再是谁与谁恋爱或分手了，而是“他竟然结婚了！”或者“他已经升官了！”

步入职场后，我们计算的也不再是数学里的三角函数、微积分，而是扣除日常开销后，银行还剩下多少存款？是不是应该做一些投资，还是存钱买房子……此时，生存的压力排山倒海而来，提醒着我们，梦想不如填饱肚子来得重要，人生之中除了自我，还有责任这件事。

当步入人生的另一个新阶段时，往往令人感到茫然，不知下一步究竟该怎么走？这种不知所措的状态更是让人迷惘。

退伍前，我对于这种茫然失措的感觉有深刻的体会，曾经不止一次地问自己：“你到底要什么？”

当时的我认真地想过自己的问题，不是没有背景、没有钱、没有经验、没有人脉，最要命的是，没有前进的方向！

钱可以慢慢存，工作经验可以累积，阅历和人脉可以一步步拓展。可是，没有方向的话，要从哪里开始呢？

虽然知道“条条大路通罗马”，却又找不到前进的方向，这种忐忑不安的心情，或许是每个人都可能遇到的。

谁也不想随波逐流地虚度此生，但是眺望遥远的未来时，我们很容易因为未知的困难感到退缩，失去了举步的勇气。

经过一段时间的摸索，当夜深人静之时，我开始忍不住问自己：

你不知道自己要什么，是不是因为你要的东西太多，超出自己的能力范围？

其实在人生中，每个人所追求的，不外乎就是有人爱、有事情做、对未来有所期待，如此而已。

当我终于跨出“社会化”的第一步时才发现，事情并没有预想中那么困难，我们其实比自己想象中还要坚强。此外，我也发现：

如果你想得简单一点，这个世界也会对你简单。

面对瞬息万变的社会，把目标定得离现实近一些，做事稳扎稳打，似乎更容易成功。

有句话说“计划永远赶不上变化”，与其做一些不切实际的人生规划，还不如找寻自己独一无二的人生蓝图。

现实无法逃避，青春不能延长，时间会逼着你不得不长大。

03_

青春的意义在于寻找自己最真的梦想，并实践它

几年前，《海贼王》给我留下最深刻印象的情节是叛军攻城，薇薇公主一个人站在千军万马前大声地请求众人停止战争[1]。她一个人的声音被淹没在千军万马中，单薄的身影显得渺小。我看着叛军跨过她身边却没有人愿意驻足的画面，感到十分地沮丧。我的人生是不是也是如此，力量微小，小到没有任何一个人会愿意倾听我的声音呢?

几年后，我开始成立“海贼王惊点语录粉丝团”，因缘际会之下又重新再看这个片段，而这次我关注的却是事件的结局。当薇薇公主一个人站在钟楼上大喊:“大家停止吧!”所有的人都放下手上的刀剑盯着薇薇，这时候天公作美，下了一场及时雨，解救了这个战乱中的国家。那场雨，还有薇薇

---

[1] 典出单行本第 23 集。

的声音被广场上的人听到了，也带来了和平的结果。而我不知道为什么，突然有股想哭的冲动。

原来，一个人的力量很小，但只要你坚持，总会有人看得到。

而对于梦想的坚持似乎也是同样的道理。还记得在一开始经营“海贼王惊点语录粉丝团”时，很多人都告诉我不可能：“你不可能坚持下去，不可能写出激励人心的话，不可能从众多海贼王的粉丝团中脱颖而出……”

听到太多“不可能”，我仍然决意要做。

所以我告诉自己，宁愿为一百人写激励人心的惊点语录，也不愿意为一百万人写无病呻吟的惊点语录。如今，已经有四十六万的粉丝“按赞”。这个成绩让我十分满足，至少有这么多人抱持着跟我相同的理念一起前进。

作者尾田荣一郎经由《海贼王》传递的精神也是如此。透过罗杰把草帽给了红发杰克，杰克再给了路飞[1]……草帽在故事里代表着一种梦想的传承。就像索隆师姐的刀，还有罗格镇上红鼻子大叔把自己的镇店宝刀给了索隆，然后说：

---

[1] 典出单行本第 1 集。

“男人把梦想托付给男人有什么不对？”[1]

除此之外，乔巴继承了希鲁鲁克医生的梦想：“让世界没有病人。”[2]还有山治继承了哲普船长的梦想：“寻找梦想中的‘ALL BLUE’！”[3]也是一样。《海贼王》里到处充满着追求梦想与延续梦想的例子。

还记得黑胡子的经典名言吗？“人的梦想永远不会结束！”[4]就连一个配角也彻底贯彻了这项意志。

只要人活着，梦想就可以不断传承下去。

尾田荣一郎透过自己的画笔把这份精神传递出去，而我透过“海贼王惊点语录”试图让更多人了解这个道理。

其实，人类从学会思考的那天开始，就拥有了梦想，然后又不断地有新的梦想产生。梦想，正是人类进步的起点，如果没有梦想，每天过着日复一日的生活，那么文明永远不会向前迈进。

平凡如你我，不用把这份精神扩张到无限大，其实只要

---

[1] 典出单行本第11集。
[2] 典出单行本第16集。
[3] 典出单行本第7集。
[4] 典出单行本第24集。

记住一点，青春的意义不是告诉自己办不到，而是在于发掘自己的梦想，并勇于实现它。要相信自己，你也可以做到。

然而，梦想并不是嘴巴上说说，每天坐在家里想“我有什么梦想”。如果毫无行动，哪怕你有着白胡子的实力，天天坐在家里空想，梦想也永远不会成真。所以，请在找寻梦想的时候，同时寻找实践它的办法吧。

关于梦想，重要的不是你想做什么，而是你可以做什么，还有实际上你愿意做什么。

人生三大根：1. 你得不到；
2. 你得到了却也不过如此；
3. 你放弃后才发现它对你很
重要。

地球是圆的，所以看似走到
尽头，其实是另一个开始。

_04

因为不了解，才会把对方视为异端

《海贼王》里的麋鹿乔巴，因为天生的蓝鼻子，让他从小就不被认同，一个人自卑、孤独地生活，直到了解他的伙伴出现，他才开始信任周遭的人。

我也曾经历过类似的境遇，十分能体会他的心情。

小时候，因为父亲工作的关系，我们全家人搬到上海居住了五年。那时我才十岁，已能感受到身处异乡的压力，到了学校，更是发现自己和同学之间有明显的差异。

一开始，班上同学会拿我的籍贯做文章，把我带到学校的水壶砸烂。有一天，放学在等校车时，几个高年级学生甚至在车站前把我痛打了一顿！我哭着从学校跑回家，第二天不敢再去上学，很害怕面对那些欺负我的学生。

这时父母才知道，我和同学之间的紧张关系已经持续一段时间了。他们到学校试着和校长沟通，希望能得到一些

支持。

“我们会通知那些孩子的父母，”校长安慰我说，“我让那些孩子向你道歉吧。”结果，事后我被欺负得更惨，连水壶都被同学用尿给灌满了！

一个周末下午，我待在家里，不经意地从窗户往外望，发现那两个比我稍微年长的同学，正在我家门前晃来晃去，挑衅地等着我出去。

我立刻惊慌地向父母大喊：“欺负我的人在外面！”

父亲决定出去警告那些孩子，但是母亲却抢先一步走在前面，微笑地对他们说：“你们要不要进来吃点台湾口味的刨冰呢？”

他们互相看了一眼，露出一脸纳闷的表情。

其中一位耸耸肩，回答：“好啊！”

进到屋里，母亲热心地招呼他们，并且让他们自行选择要添加的刨冰佐料。

“我们在台湾都这么吃。”说完，她指了指我，“他的嘴最馋了！”

大家坐下来没多久，母亲就与他们有说有笑地聊起天来，谈到我在学校被欺负的事，她说：“我们都知道在学校车站发生的事了，我想这里面可能有点误会……”

那两个孩子尴尬地点点头。

母亲继续说："也许你们可以谈谈彼此之间的误会，以后就能成为朋友了。"

我还来不及摇头，就看到对方点点头，表示同意。临走前，他们甚至还向我道歉，并且表示从今以后不会再找我的麻烦。之后，他们真的说到做到，而我也就平安顺利地度过了在大陆的五年求学生活。

这件事已经过了好久，但是我仍然记忆犹新，当时母亲教会了我一件事：

因为不了解，才会把对方视为异端；因为不被认同，人才会感到痛苦。

在寻求他人认同的过程中，第一步其实是让对方了解自己。虽然刚开始也许很难说出口，也不容易做到，但我们还是必须学习勇敢地面对它，唯有彼此互相理解，才能冲破人与人之间那道充满偏见和误解的藩篱。

有时候，“没关系”是说给自己听的。

_05

与其改变世界，不如先改变自己

小时候，我怀抱着一个远大的梦想，希望长大后能跑得快、飞得高，还能改变这个世界，成为世人目光的焦点。但是，渐渐长大之后才发现，自己并没有改变世界的超能力，许多事情也不是只要努力就一定能够成功。

两年前，我曾有一个出书的机会，后来面临服兵役的问题，加上其他一些不知名的原因，原本谈定的出书计划，竟然在一夕之间泡汤了。

当时我刚服替代役，在中部一所偏远地区学校教小孩子学英文，平日只能通过电话和编辑联系。那位编辑告诉我，对于公司的决定，他也无可奈何，然后在电话里安慰我：“你还年轻，怀才就像怀孕，先累积能量，日子久了总是会被看到的！”

我表面上装作一副无所谓的样子，可是心里却很不甘，不论无法出书的理由是什么，整整十五万字的稿子、几个月辛苦爬格子的成果毕竟转眼都成空了。

从此，我变成一个爱发牢骚的人，不断向身旁的朋友诉苦，从抱怨政府无能到自己不够好……总之，那阵子我过得极不开心，觉得自己很倒霉，也特别能体会《海贼王》中娜美被恶龙海贼团欺骗[1]的心情。

原本以为就要美梦成真却功败垂成的心情，让人无助得想哭……但不一样的是，娜美很幸运地遇到热血的路飞从天而降，瞬间就解决掉所有不公平的事情。而我却花了整整一年的时间，才从沮丧的情绪中走出来。

有一次上课时，我在黑板上写了一个大大的英文“Dream”，并向小朋友解释这个单词除了“梦”之外，还有“梦想”的含义，“Dreams come true”就是美梦成真的意思，接着请学生们轮流上台讲述自己的梦想。

出乎我意料的是，这群生活在偏远乡村的孩子个个都很认命地表示，他们说不出自己的梦想是什么。

人生可以追求平凡，但不可以认命，更不能没有梦想。

---

[1] 典出单行本第 9 集。

当时的我十分惊讶，并且暗自下定决心，一定要在短暂的服役期间，帮助这群年纪小我一轮的孩子找到想要追寻的梦想。我想让他们知道，一个人的未来是拥有无限可能的。

但仔细想想，倘若我不能身先士卒，当学生们的好榜样，又怎能说服他们相信这个世界上真的有“梦想”这件事呢?

所以，我决定以身作则，重新提起笔写作。就这样，在帮助这群孩子寻找梦想的过程中，我也慢慢地拾回自己的写作梦想。

一年后，在同样的教室里，我举行了一场“梦想的星光大道发表会”。看着这群孩子努力地用少少的英文词汇诉说自己的梦想，内心顿时充满了喜悦和感动。

有个孩子说，他想学好英文；有个孩子说，他想到迪士尼乐园看米奇；还有一个孩子说，他以后长大要当 Pirate King（海贼王）……在他们分享的同时，笑声、鼓掌声也此起彼落地回荡在教室各个角落，而他们专注的眼神就像走在星光大道上的明星般耀眼。

孩子们在描绘梦想蓝图的过程中发现，世界是如此辽阔，正等待着他们去探索，而我也从中获得了一项启示：

原来，改变世界的第一步，就在自己的脚下。

有时候假装坚强，是害怕被发现软弱；有时候假装幸福，是害怕被发现伤心。

没有人会笑你跌倒，只会笑你爬不起来。

_06

蓦然回首，
自己终究没有成为小时候想成为的人

《海贼王》主角路飞十七岁，处于人生中蓄势待发的年纪，他在汪洋大海中一路朝着成为海贼王的梦想前进。

如果说所谓的“海贼王”是找到罗杰藏在海洋里的宝藏，那么，路飞到底会不会实现梦想，成为真正的海贼王？小时候的我满心期待着故事的发展和结局……

虽然路飞在漫画里才航行了两年，但现实生活中的连载已经持续十多年了。到了现在，路飞仍然没有得到宝藏，距离成为“海贼王”似乎还有一段颇为遥远的距离。

我不否认对于这个结果有些失望，可是，梦想的实现不是你拥有了什么，也不在于追求财富和地位，而是走过一段寻梦的旅程。

在迈向伟大航路的过程中，路飞曾经受过伤，失去了至亲，但是他遇到了几位志同道合的伙伴。有时候，他也会怨恨自己的能力不够高，无法保护身边重要的伙伴，但他还是自始至终都保持着一颗自由奔放的心，全力以赴地实现自己的梦想。

理想的进程总是围绕着时间的年轮。一个人的年纪越轻，理想的圈圈就越大；反之，当年纪越大，理想的圈圈就越来越小。随着年纪、生活环境、工作和健康条件等外在因素的慢慢改变，理想和现实的距离也越来越远。

“我要成为海贼王！”看着路飞和伙伴们在蔚蓝的大海中自由自在地航行，当时年纪还小的我，发出了和路飞一样的豪语。

十几岁的时候，我拥有许多不切实际的梦想，如今回想起来，并不觉得可笑。

在回首那些尚未实现或者无法实现的儿时梦想时，我也学会以平常心看待。

人生苦短，其实不必执着于去完成一些自己想做又做不到的事，也不用质疑别人能做到的事情为何自己做不到。

即使蓦然回首，自己终究没有成为小时候想成为的人，那又何妨？！

对于梦想，不求一切尽如人意，但求无愧于心。

无论最后的结果如何，只要你曾经为了梦想真心付出过，就已足够。

有时候，以为选择了一条和别人不一样的路，但走到一半回头看，原来没有什么不同。

用你的笑容去改变这个世界，别让这个世界改变了你的笑容。

_07

也许长大就是回头看时忽然发现，原来熟悉也可以变成一种模糊的影像

《海贼王》的故事让人回味无穷，其中有个十分催泪的经典画面，让我印象深刻。当时，与众人一同冒险的薇薇公主，回到百废待兴的国家，她犹豫不决，不知是否要和伙伴们继续在大海中航行，还是留在自己的国家帮助国人重建家园……

最后，路飞一行人按照约定，把船开到指定的地方，薇薇出现了！她哭着问："下次见面，我们还是伙伴吗？"

路飞和同伴们纷纷举起代表伙伴印记的左手，用行动响应了她，而薇薇和卡鲁鸭也举起左手，向大伙告别[1]。这一幕，不知触动了多少人的心弦，也让我的眼眶顿时湿润了。

或许，人生就是一次又一次的相聚与告别。在每个人的生命中，都经历过伤感的离别。说到每个人都会有的离别经

---

[1] 典出单行本第 23 集。

验，应该就是学校的毕业典礼了。

还记得小学、初中、高中毕业典礼结束，离开校园时，心里某个角落隐隐作痛的感觉吗？紧接着又过了大学四年，当骊歌[1]声响起的时候，我们又不得不和一起上课、通宵玩乐、一起梦想着未来的同伴们挥手道别，各自朝着不同的人生方向和目标前进。

即使大家都知道，毕业是另一个人生阶段的开始，但却还是再一次地黯然神伤。想到曾经荒唐、忧郁、飞扬、惆怅、甜蜜、苦涩的年少时光逐渐远去，曾经在生命中留下的美好回忆不复存在，曾经朝夕相处的伙伴各奔东西……不由得感慨，却也不得不接受人生无常的现实……

毕业，是一个多么令人感伤的字眼，却又是意义非凡的人生里程碑。它也像一个大大的句点，中断了轻快而短暂的旅程，并且迫使我们去思考着未来。

当你红着眼眶步出校门的那一刻，回首过去，才发现熟悉也可以变成一种模糊的影像。但是，请你用心记住每个青春伙伴的样子，记得他们稚气未脱的笑颜。我相信，地球之所以是圆的，就是为了要让人们有再次相遇的一天。

---

[1] 即离别时唱的歌。

那些在记忆中的角色没有长大，可是我们却长大了。

08_

现实会让你不得不舍弃一个梦想，可是别让它抹杀你所有的梦想

小时候，相信大家都写过一篇作文题目——《我的志愿》。

小学时，我们班上有位“熊猫人”非常喜欢这个题目，他在作文簿上写下了自己的梦想：“我希望将来成为一名作家，拥有成千上万个读者、一个摆满自己作品的书房，然后每天在那间书房里持续写着下一部作品。”

看过《海贼王》的人应该都认识熊猫人，他是一个时常出现在漫画、动画、电影版、特别版的配角，他不特别也没有什么特殊的能力，算是作者恶搞的趣味角色。

没错！这位同学就像熊猫人，不是什么了不起的角色，所以当他写好的作文被同学们传阅之后，没有人把它当一回事，甚至还引来哄堂大笑：“你怎么可能成为作家？！”

结果，这篇写好的作文经过老师批阅后，被画了一个大

大的“乙下”。

“熊猫人”反复检查这篇作文，发现的确有几个错别字和语句不通顺的地方，但大致上并没有什么错误，于是他拿着作文簿去问老师，自己的作文出了什么问题？

老师说：“我要你们写下的是实际的志愿，不是空想，人生不是虚无缥缈的白日梦，懂吗？”

“熊猫人”说：“可是，这的确是我的梦想啊！”

老师坚持地说：“不，我要的是实际的志愿，不是要你把空想和志愿混为一谈……好吧！我再给你一次机会重写。”

“熊猫人”不肯妥协：“我没有乱写，这就是我的志愿啊！”

老师摇摇头，“我已经给你机会重写了，如果不重写就是乙下，你自己想清楚！”

“熊猫人”放弃据理力争，垂头丧气地回到家后，把这件事情告诉了父母，却没有得到他们的安慰。

“你想拿乙下吗？”

“不想！”

“你想改变自己的梦想吗？”

“也不想！”

最后，“熊猫人”的母亲开口了：“既然不想拿乙下，就只能重写文章，但这并不代表你必须放弃自己的梦想。”

于是，“熊猫人”投降了。虽然他痛苦过、挣扎过，还是重新写了一篇作文，把志愿从成为一位大作家更改为老师，而那篇改写过的作文，最后的成绩也不怎么让人乐观。

当事情可以改变的时候，你必须学会取舍。

那是“熊猫人”的人生中，第一次出现“妥协”这个字眼。

事隔十五年，那位批阅作文的老师收到了一本书，作者署名竟然是当年那位作文成绩差点被评为不及格的“熊猫人”。如今，他已拥有了自己的著作，正一步步地实现儿时的梦想。

而那位“熊猫人”就是我自己。

“熊猫人”最想告诉大家的事情是：

现实会让你不得不舍弃一个梦想，可是别让它抹杀你所有的梦想。

人啊，不用生活给别人看，也不用为了向别人证明什么而走错了自己脚下的路。

工作与价值观的冲突，是成长的开始。

09_

与其在等待中浪费青春，不如在追求中燃烧生命

看着《海贼王》里那片茫茫无际的大海，总是能引起我无限的遐想。我常想，海的那一端到底是什么？

对于那些勇敢的冒险者而言，大海的尽头就是梦想的发源地，即便是那些亡命天涯的海贼也有着想要与梦想搏斗的冲劲。

令人热血沸腾的《海贼王》漫画背后，它的源泉则是作者尾田荣一郎在四岁那年对自己所说的话："我要成为漫画家！"

然而，在说完这句话的十多年后，尾田经历了无数次的退稿、现实与梦想的挣扎，终于让这个充满梦想的海贼团扬帆出海，也成就了一部充满绚丽色彩的热血动漫。

在千帆竞发的大海，聚集了一群志同道合的伙伴，见证了路飞一行人的青春，也见证了作者尾田荣一郎永不止息追

求理想的信念。

透过《海贼王》这部经典之作，相信你和我一样，都曾经受到热切的鼓舞，准备扬起自己的梦想旗帜，朝向未知的航路前行。

在通往梦想的路途中，我也常问自己：现在的我，已经抵达了哪一站？

从小到大，我梦想过成为一名成功的科学家；可以赚很多很多钱的商人；一个才华洋溢、万人仰慕的作家。没想到，因缘际会，我却成为一个自己从来没想过的电玩人，在游戏的战场上冲锋陷阵。

如果从立志当科学家或电玩人的角度来看，我似乎放弃了自己的梦想。

可是，就像索隆曾说过的一句话："不管这个世上的人怎么说我，我只想依照自己的信念做事，绝不后悔，不管现在还是将来，都一样！"[1]

在游戏公司工作其实并不轻松，经常得加班，压力也很大。一开始，很多朋友都劝我何必那么累？！但我还是坚持为了自己的信念而努力。平常不管工作多么忙碌，我也坚持

[1] 典出单行本第1集。

在网络上发表“海贼王惊点语录”，用每天发表的几则文字来激励自己，也提醒自己，这个世界还有梦想的存在。

与其在等待中浪费青春，不如在追求中燃烧生命。

最美丽的人生风景不是在过去，也不是在未来，而是在我们此时此刻的努力中，以及每分每秒的坚持和希望之中。

无论最后的结果是成功还是失败，唯有努力过、奋斗过，当有一天我年华老去、白发苍苍时，才能真正无悔地说：“想当年啊，我也曾经把自己的青春和热忱，奉献给了自己的梦想！”

很多事情，没有一点热血是无法
坚持下去的。

人可能赢得全世界，但大部分
的人都会先输给了自己。

10_

与其为无能为力的事情烦恼，不如全力以赴，去完成自己所能达成的目标

我常在“海贼王惊点语录粉丝团”中用一些乐观的语句来鼓励大家，但有时不免会得到诸如“可惜人生不是这么简单就能破涕为笑”“不要再自我催眠了”……这类的负面回应。

原来，对人生感到悲观的人还真不少。

其实，我也和大多数人一样，偶尔会对生活感到无奈和沮丧，因为工作上一些不如意的事情而灰心。

不过，我很想告诉这些朋友：

不要为自己的怯懦找借口，让它成为你追求美好人生的障碍。

《海贼王》的故事，说穿了就是一个永远也学不会游泳的乐天派，带领着一群拥有同样乐观信念的伙伴，在广阔的大

海中笑着奋斗的故事。

这个故事是虚构的，传达的信念却是真实的。它也教会了我：与其为那些无能为力的事情烦恼，还不如全力以赴，去完成自己所能达成的目标。

现代人经常活得很累，也过得很不快乐，很多人心中充满了无奈和忧虑，负荷越来越重，所以感到疲累。因为累，往往徘徊在坚持和放弃之间，始终达不到想要的目标。

但是，《海贼王》里的主人公们不一样，他们为了自己的信念，一心一意地向前进，不轻易向命运低头。

路飞在小时候遇到红发杰克时，就立誓："总有一天，我会聚集一群伙伴，绝不比这些人逊色，并找到世界第一的财宝，我要当海贼王！"[1]

索隆在宣誓成为最强的剑客时，早就把生死置之度外了。他的名言是："你要说我笨也没关系，因为这是我自己选择的路！"[2]

山治也一直深信："总有一天，我一定会找到'ALL BLUE'这个传说之海。"[3]

这些故事里的主角努力追寻自己的梦想，给了我很多力

[1] 典出单行本第 1 集。

[2] 典出单行本第 1 集。

[3] 典出单行本第 7 集。

量和信心。

在遇到挫折时，我会告诉自己：成功没有快捷方式，如果人生总是一帆风顺，那又怎能感受成功时的喜悦呢？如果没有经历过一段坎坷崎岖的道路，那么成功岂不变得廉价？

人生中难免会有困难和挫折，前进的道路从来都不尽是平坦。人只要活在世界上就一定会有烦恼，但选择快乐还是选择痛苦地面对生活，取决于我们的内心。

人生啊，笑着过是一天，哭着过也是一天。当遇到不开心的事情时，不妨当作是在看《海贼王》，有时欢笑，有时伤感。还好，我们很快又会破涕为笑。

不要问幸福是什么，那只是一种感觉，有时因为满足，有时因为牵挂，有时是一个微笑。

乐观不见得能让你获得绝对的快乐，但绝对能缩短痛苦的时间。

Real friends
love you
no matter
what happens
第二章
友情篇
……

11_

人生旅途中，
我爱的不是沿途美丽的风景，
而是陪着我一起眺望风景的伙伴

每当我看着《海贼王》的剧情时，总不免回想起过去的青春，它带给我的意义不只是一部热血漫画，而是一段段刻骨铭心的记忆。

有点缺心眼的路飞，常常会突如其来地做出一些近乎白痴的举动。有时候，他一个挑眉、一个开怀大笑、手扠着腰，甚至是大口吃肉的模样，都会让我想到一些学生时代的老朋友，像来自北京的同学小云，常常听我讲了一个不怎么好笑的笑话却哈哈大笑；像为了学中文，不得不忍受我百般刁难的强纳森；像经常在我的耳边碎碎念的胖杰咪……从路飞身上，我仿佛看见了这些朋友的影子。

有时候，当我独自一个人的时候，常会突然想起这些朋友，还有那些我们共同经历过的事情。不见得是某一次特别的聚会，就只是他们曾讲过的某一句话，突然出现在脑海中，然后，一种温柔的感觉瞬间包围着我……

某个阳光午后，我又回到昔日熟悉的校园，校园里的每个角落似乎都充满了回忆的影子，包括那颗曾经在手上互相传递的球、一起嬉闹的场景……看着在校园中奔跑的学生，他们烂漫天真、无忧无虑的脸庞是那么的快乐，就像当年的我们一样。

一切仿佛就发生在昨天，我和暗恋的女孩一起坐在大树下畅谈自己的人生梦想；讨论《海贼王》的最新剧情；你一言、我一语地说着路飞还有草帽一行人又做了哪些轰轰烈烈的傻事，而我却始终没有向她告白的勇气……后来，那个女孩转学了，才发现再也来不及了……

有些人不需要说再见就已经离开，有些事不用开口也明白。

随着时间的流逝，毕业之后各奔东西的同窗好友们，还能保持联系的机会渐渐减少了，只剩下几个交情特别好的朋友，偶尔还会聚在一起吃个饭，但已不再像从前那般形影不离。

走入社会，我分外想念那些曾经给予我鼓励、关心过我的老朋友。我常常望着手机通讯簿中一连串熟悉的名单，莫名地想起一些人、一些回忆，却只能保持沉默。

也许是我的静默，让我们渐渐失去了联系；也许是分离，让彼此之间的距离变得遥远了……

可是，离开了却还是感谢，陌生了还是会想念。

老朋友就像《海贼王》里的伙伴们，是那么的熟悉，那些温柔激励、义气相挺、热情陪伴，也许会随着时间冲淡，却不曾被遗忘。

即使现在的我们已不在彼此的生活圈了，各自拥有不同的人生目标，但无论未来是否再交会，我的青春回忆都因为有这些老朋友的存在而闪闪发光。感谢他们一路上陪我看了那么多美丽的人生风景。希望分开之后，大家都能幸福地、好好地生活。

朋友之间总有几个傻子是我不能抛弃的知己。

有一种爱，不是每天挂在嘴边，而是埋在内心深处，一直没人知道。

12_

真正的朋友，不需要言语，
即使多年后再见，
感情还是一如往昔

初中时期，我就读广东一所私立学校，学校的校规很严，比如，男生必须穿水手服，女生则是一袭白色护士裙。

我还记得，校园四周的围墙种满了芒果树，每到夏天，有两个志同道合的女同学安妮、艾莉常常和我一起相约摘芒果。我负责爬树，她们在树底下接应，然后用雪白的裙摆接着。

号称“芒果铁三角”的我们，毕业之后各奔东西。我随着父母搬到了上海，接着去新西兰念大学，安妮跟随家人去英国，艾莉则到了加拿大念书。

所幸网络无国界，我们从 MSN 的年代一直到 facebook，始终保持着联络。可是，不知从什么时候开始，我们之间的对话只剩下简单一句“最近怎么样？”“嗯，还好……”，就没了下文，只有在逢年过节的时候才会互发短信问候。

有时候，我不禁怀疑，真正的朋友是不是不需要太多言语？倘若多年后再见面，感情能否一如往昔？是否会像路飞重遇多年不见的好友 Mr. 2 一样，双方来个热情的拥抱，哭得一把鼻涕一把眼泪？

有一天，我在 facebook 上看到一张婚纱照。照片里，曾经一起偷摘芒果的“铁三角”之一、穿着白色裙子的艾莉，披着一袭美丽的白纱，小鸟依人地站在新郎身边，露出一脸幸福的微笑……

天啊！我那认识超过十年、许久不见的死党，竟然要结婚了！这让我感到又惊又喜，立刻在一张笑得最灿烂的婚纱照片下留了祝福的话语……一时之间，心里有些忐忑不安，这么多年没见，或许人家根本不记得我是谁了呢！

结果，只有几秒钟的时间，我就收到一个笑脸符号的响应：“小生，还记得那些年一起摘芒果的日子吗？我好怀念。”

原来，我们一直都惦记着彼此。

或许我们有好一阵子没有联络了，但是那些年的回忆一直都悄然活在我们的心里，陪伴着我们成长。每当我们想起那些曾经一起走过悲伤、欢笑、感动的年少岁月的朋友时，嘴角总会不自觉地扬起一抹幸福的微笑。

我真心地感谢在我生命中出现的每位朋友，我的人生因为有他们而变得精采。

朋友不一定要门当户对，但一定要同舟共济；不一定要锦上添花，但一定要雪中送炭；不一定要天天见面，但一定要放在心里。

_13

如果扯到钱，友情就复杂了

我在新西兰念大学时，一个人租房子住。有一天，突然收到一位朋友泰迪的短信，上面写着："我出了一点事，急需五百元纽币（约两千五百多元人民币），并且借住你家一阵子，钱一个月内会还，房子等找到就搬走，等你回应！"

看到短信上的名字，我觉得有些纳闷，因为我和泰迪之间平常仅是点头之交，对于他的请求不免感到犹豫……

考虑了十分钟后，我回拨电话，答应援助他。没多久，他就跑来了，身上没有大包小包的行李，也没有惊慌失措的表情，只是给了我一个大大的拥抱。

他说："你答应帮忙，还真出乎我的意料之外！"

我不解地问："为什么？"

"这个短信我不止传给你一个人，你是第十三个，可是，你是第一个响应的。讲真的，我的收件人名单是按照交情深浅排列的，传给你的时候我已经越来越没有信心，几乎是抱着死马当活马医的心态……”

“朋友”两个字说得挺轻松，意义却很重。

后来，我们一起去吃中饭，谈论到有关朋友的话题时，泰迪的感触很深。

他告诉我，在他心目中 TOP 10 的朋友名单中，全都是平常自认交情匪浅的密友，大家经常混在一起唱 KTV、吃饭、打麻将、通宵赶报告……以他们的经济能力，借几百块纽币应该不是什么问题，此时却没有人对他伸出援手。

吃饭的时候，泰迪陆陆续续地收到几封回复的短信，内容大同小异，不外乎是：“不好意思，前阵子花了太多钱，现在月底了，手头比较紧，没办法帮你啰……”

他感慨地说：“我还以为自己有很多朋友，现在才明白，原来我是这么孤单……”

回家的路上，泰迪的手机突然响了，是一个平时和他不太对头、经常在言词上贬损他的朋友“听说”他需要帮助，主动打电话来关心。虽然对方在言语上还是不免酸了他几句，却表示愿意提供帮助。

挂上电话，他不可置信地说："我从没想过发短信给他，想不到他会主动打电话来！"

我问："事情好像传开了，你打算说出实情吗？"

"Are you sure？（你确定吗？）除非我疯了！"他摊摊手。

事隔多年，想起泰迪当时莽撞的举动，我仍然不禁莞尔。只是现在的我，又有了另一层新的体会。

在《海贼王》中，路飞曾说过："只能一起享乐的伙伴，不是真正的伙伴。"[1]

在和朋友相处时，我们经常把"对方为自己付出多少"当作衡量友情深浅的条件。或许那次经验，让泰迪分辨出什么才是真正的朋友。但另一方面我认为，那些不愿借钱给他的人，不代表就不是朋友，也许他们可以在别的地方帮助泰迪。

对于那些平常只是一起吃喝玩乐的朋友，有事情时最好不要去麻烦他们，以免自己心里难过，弄得别人也尴尬。

---

[1] 典出电影版《ONE PIECE 珍兽岛之乔巴王国》。

扯到钱的友情并非复杂，把它搞得复杂的是人。

倘若因为朋友不愿借钱给自己，心里就产生疙瘩，因而错失了一个朋友，这也是一种遗憾。毕竟，人与人之间的友情，并不是建立在金钱之上，不是吗？

好朋友总会有变老朋友的时候，而最值得一辈子珍藏的是想到彼此时，嘴角扬起的那抹微笑。

有些人不需要说再见就已经离开，有些事不用开口也明白。

14_

朋友就是用来麻烦的，你不麻烦我，我才生气呢

在《海贼王》的世界里，每当有人感到累了、倦了、觉得徘徊不定的时候，总会有另一位伙伴跳出来，适时地给予鼓励和安慰。

但是，在现实生活中，你和我的身边总是少了像路飞一样热血的伙伴。在日常生活中，大部分的朋友多半只是默默浏览着你的 facebook，有时，你看着熟悉的朋友在 facebook 上的动态消息想说些什么，终究什么也没说，顶多按个“赞”而已……

我之前的公司有一位同事小芳，两年前，她苦心经营的服饰店倒了，还欠了一屁股债，被人追着到处跑，生活一夕之间陷入了愁云惨雾之中。

由于不想让父母担心，在无计可施的情况之下，小芳想

来想去，只有到姐妹淘的家里避避风头。

她和这位姐妹淘朋友从小一起长大，两人虽然没有血缘关系，感情却比亲姐妹还要亲。几年前，朋友结婚时也找她当伴娘。但是，就像乔巴经过两年的光阴也会误认同船的伙伴一样，小芳和这位好姐妹多年不见，加上这几年来她为了兼顾家庭和工作，忙得团团转，疏于联络，有些担心彼此的情谊是否一如往昔？而且朋友最近才刚生小孩，会不会自顾不暇？还有，她和姐妹的老公又不熟，如果去投靠对方，会不会太冒险？想到这些，让她着实有些犹豫……

于是，她萌生了退意，把口袋里仅有的钱都翻出来，找了一间便宜的小旅社，打算先住几天再说。

想不到，这位姐妹淘竟然抱着襁褓中的婴孩，风尘仆仆地跑来了。

她生气地说：“你怎么还是这么死脑筋！从小到大都一样，害得我到处找你，要不是你妈打电话给我，我还不知道你躲在这里！”

小芳低头搓着手指，像是个犯了错的孩子，小声说道：“我怕给你添麻烦，你看我现在这么落魄……”

朋友气得跳脚，说：“朋友之间没有麻烦这回事，你如果不麻烦我，我才生气呢！”

那一刻，千言万语哽在她的喉咙里说不出口……原本，她以为全世界都遗忘了自己，没想到还有一个人如此挂念自己，没有因为她走投无路而嫌弃……

有这样的朋友，夫复何求？

于是，她乖乖地收拾行李跟着朋友回家了。之后，她找到一份稳定的工作，想办法还清债务，重新展开了新的生活。

从小芳的例子中，我深切感受到友情的可贵：

真正的朋友不会因为你的身份、地位和处境的不同而改变。

有人说真爱难寻，友情也是如此。朋友之间的情义比面子重要，绝对值得我们去努力呵护、拥有。

有一种好朋友的定义是，你混得好，他打心底里为你开心；混得不好，他也由衷地为你着急。

人的心像上了锁的门，只有那把叫作关怀的钥匙，才能进入别人的心中，了解别人。

15_

友情不是玻璃做的，
就是因为重视彼此才会吵架

人们总是对友谊有一种美好的期待，希望朋友之间最好永远没有争吵、没有怨怼。在很多人的心中，一旦朋友之间产生了冲突，似乎就意味着友谊出现裂痕。为了避免造成不愉快，大家往往在矛盾纠结之处避重就轻，即使有时心中有所不满也不敢表达，生怕伤害到彼此之间的感情，进而失去一位朋友。因此，他们宁愿抱持着息事宁人的态度，继续忍耐下去。

但是，大家有想过吗？当面对冲突时，你选择“算了”“不说了”，其实也代表着你拒绝和对方沟通，这样的做法，对友谊也是一种伤害。

有时候，不要怪别人不懂你的立场，是我们自己刻意回避冲突，结果反而让彼此之间都不愉快。

每个人天生的个性不一样，对于看到的、共同经历过的事情自然也会有不一样的想法，一旦发生争执时，不妨把自己的想法向对方清楚说明白，让对方更了解你。

正因为心里十分在意，我们做很多事情时，往往就会因此过度紧张，结果反而容易出差错。对待友情也是如此，因为珍惜，我们常把它当作玻璃瓶一样，小心翼翼地呵护，生怕一不小心就碰坏了。

事实上，朋友之间就是因为重视彼此才会吵架，即使友谊一时之间因此受到严重的考验，仍然有回转的空间。

还记得路飞和乌索普为了“梅利号”无法修复而大吵一架的事情[1]吗？即使他们曾经剑拔弩张，最后两人还是抱头痛哭地和解了，感情也变得更深厚。

如果聊天可以增进感情，相聚可以创造回忆，那么吵架就像一种沟通，可以更认识彼此。

当朋友之间意见不合、发生冲突时，不要害怕表达自己

---

[1] 典出单行本第35集。

的意见，而要把它当作一个沟通的机会。最重要的是，吵完之后，也要努力和对方和解。

和解没有想象中那么难，你只需要主动开口说一句话、给对方一个微笑、一个拥抱、一份小礼物……就可能打开彼此之间的僵局。

如果彼此不原谅对方的小缺
点，那友谊不可能持久。

如果聊天可以增进感情，相
聚可以创造回忆，那么吵架
可以让你多认识彼此，并且
学会和解。

16_

被特别在意的人忽略是很难过的，更难过的是还要假装不在意

人是群居的动物，谁也不想孤孤单单地活在这个世界上，每个人都渴望在自己最脆弱的时候，有朋友在身旁给予支持和鼓励；在遇到开心的事情时，有朋友可以一起分享内心的喜悦。

友情在大多数人心中占了极重要的分量，因此人们也常常容易为友情问题感到烦恼。

有些人因为害怕一个人孤单寂寞，把生活重心都放在友情上，结果反而患得患失，失去了自我。由于过于倚赖友情，太在意别人的眼光，友情带给他们的并不是快乐，而是更多的苦恼。

因为害怕失去友谊而忧虑不安，其实是不必要的。有句话说“君子之交淡如水”，友情应该是细水长流，顺其自然地发展。它需要两颗心真诚地相待，而不是一厢情愿的讨好，真正的友谊也不会因为你的“委曲求全”而维持长久。

换个角度来看，如果你太在乎朋友的观感，无法敞开心

扉，坦然地做自己，又怎么能得到朋友的认同呢？

在《海贼王》中，人缘超好的路飞，小时候就像个跟屁虫似的，一直追着艾斯跑，这使得个性叛逆的艾斯很反感。不过，路飞并没有因此退缩，反而努力去获得艾斯的认同，终于打开艾斯的心扉。

每个人的性格、生活态度都不一样，友情取舍的条件和标准也不一样。所以，不是每个人都可以成为我们的朋友。一旦成为朋友之后，还需要了解一件事：朋友之间必须互相尊重。许多人一旦和对方关系变得亲密就失去分寸，少了当初的礼貌。如此一来，有些朋友尽管嘴巴上不说，但内心其实已慢慢疏远了。

我有个同事十分重视友谊，下班时常常会呼朋引伴去吃喝玩乐。但前阵子因为一时失言，得罪了某个朋友，对方不再和她来往，让她很难过。

的确，被自己在意的人忽略是很难受的事情，更难过的是还要假装不在意。

当朋友渐行渐远，是一件令人遗憾的事。然而，如果你真的在乎这份情谊，还是可以为之做出一些努力，那就是把心里的话坦诚地说出来，让对方了解你的感受，透过真诚的沟通，让彼此之间的友谊继续下去。

朋友之间的相处，伤害往往是无心的，帮助却是真心的。忘记那些无心的伤害，铭记那些对你真心的帮助，你会发现这世上有很多真心的朋友。

老朋友之间，最怕的就是不闻不问。

_17

知己是从朋友中培养出来的

在人生的道路中，有许多未知的相遇。有些人擦肩而过，是我们生命中的过客；有些人陪伴我们走过一段难忘的生命旅程，他们叫作——朋友。

自从推特（Twitter，国外的一个社交网络平台）、噗浪（Plurk，社交网络）、facebook 这些社交网站问世后，我们常常听到许多人说："我和某某某互加好友了。"一时之间，"朋友"这个名词似乎也被滥用了。

还没进入社会之前，我很单纯地认为朋友就是可以穿着同一条裤子、不分你我的好兄弟。可是，逐渐认清了这个社会的现实之后，我不得不重新思考"朋友"这两个字的定义。在人生不同的阶段，我们会遇到各种形形色色的朋友，而随着人生风景不断在变换，我们身边的朋友也跟着流转。有些陌生人变成朋友了，有些熟悉的朋友离开了……看着朋友的来来去去，渐渐地，我开始明了，人生在寻找的不只是朋友，而是“知己”。

朋友未必是知己，然而，知己却是一辈子的朋友。

在知己面前，你可以尽情倾诉自己的忧愁和快乐，彼此之间没有金钱的熏染、利益的交换，只有难以言喻的默契。见不到面时，你们会惦记着彼此；下次再见面时，即使许久不见，只要一个眼神、一个会心的微笑，就能让你们感受到友情的存在。你也会了解到，自己不是孤单一个人，朋友就在身边，没有离开过。

我常觉得，人生就像一本书，我们是执笔的作者。但不是每个人都有耐心，愿意打开它，仔细地阅读。所谓“知己”，其实就是那些愿意用心倾听我们的心声、理解我们的想法的读者。

古人说“士为知己者死”，拥有相知相惜的知己，是一件可遇不可求的事。就连一向很有想法的路飞，也是从不断地努力中才找到一群无可取代的伙伴，逐渐累积出珍贵的友情。

人生嘛，总不免离散聚合，切莫强求。

人与人之间的相遇需要缘分，因此，何不顺其自然地看待友情这件事，当你珍惜身边的每一次相遇时，往往会发现，真正的知己就在其中。

想找个人陪伴，其实没有什么不对。

18_

如果你无法为伙伴做些大事，
那么你可以怀着爱心，为伙伴们做些小事，
比如说：倾听

高中时，父母为了延续我初中接受的英文教育，把我送到新西兰读书。

刚到新西兰时，为了迅速融入当地的生活，我选择住在学校宿舍，和一群外国同学朝夕相处。一开始，我的英文程度不够好，无法和其他人做更进一步的交谈，只能把一些在生活中遭遇到的不开心的、委屈的事情统统放在心里。

但是，每到周末，我便迫不及待地打电话给一位同样是小留学生的朋友马克，滔滔不绝地向他诉说自己在异乡生活的种种苦闷。

当时我们的谈话内容十分琐碎，大多是我不断在抱怨。

马克是大我一届的学长，比我早一年来新西兰念书。因此，我所经历过的事情，他大都能感同身受。我记得他常对我说："我懂你的心情，其实你只是因为到了一个新的环境，周遭又都是陌生的外国人才会适应不良，只要你打起精神来，情况一定会慢慢好转的……”

听到这里，我总是忍住想哭的冲动，沉默不语。

我知道，自己只是需要一个可以倾诉的对象，而当我打开话匣子，把心里的郁闷都说出来之后，心情顿时也舒坦许多。

当一个人脆弱的时候千万别只说“加油”，还要说“我懂”。

马克就这样默默扮演着倾听者的角色，听我长篇大论地诉说着，最后不忘给我鼓励：“慢慢来，不要逼着自己立刻就去适应环境，就算是神仙也很难做到，我刚离开台湾时也和你一样，乐观一点！这只是过渡期而已！”

好多周过去了，当我讲电话讲到手机没电因而自动关机、电话费超支之后，才逐渐能够调适自己的心情，开始适应当地的生活。

在新西兰的日子一开始很难熬，但几年后真的要离开时，却是万般不舍。对于马克，我始终心怀感激，一直到现在，我们都还常常保持联络。

有一次，我忍不住问他："那阵子我每周都抱怨差不多的事，听到那些鸡毛蒜皮的事，你不会觉得很烦吗？"

他笑了笑，反问我："这难道不是朋友之间该做的吗？"

原来，真正的朋友，在你遇到困难时绝不会视若无睹，他们会真诚、耐心地倾听，给予你支持的力量。

最重要的是，当你遇到挫折时，一般的朋友会为你加油打气，但真正的朋友会用心倾听。

《海贼王》里的伙伴们之所以死心塌地效忠路飞，不是因为他有什么过人之处，也不是因为当伙伴们遭遇挫折时，他会在一旁摇旗呐喊："加油！"而是他能够站在伙伴们的立场，设身处地地为对方着想，甚至帮助他们捍卫自己的信念与梦想。

也许路飞的做法有时候过于天真，但这也是他令人欣赏的地方，不是吗？事实上，想要拥有真诚的友谊并不困难，最好的方法就是用心倾听。

朋友两个字说得挺轻松，
意义却很重。

无论你是不是真的懂，当一
个人脆弱的时候千万别只说
“加油”，你该说的是“我懂”。

19_

真正的友情，不会因时间距离而产生变化

在新西兰念书的第二年，学校举办了一个很有意义的课外活动。他们把一群学生分批送到一个大草原，取走身上能计时的东西，只留下一本书、一本笔记本、一支笔，以及水和干粮。

在被放逐的四十八小时当中，我们无法接触外界，只能和自己独处。放眼望去，四周除了帐篷就是一片广阔的草原……久而久之，也就没有时间的概念了，可以静下心来好好思考，并且沉淀自我。

当时学校还规定，每个人要写三封信，一封给父母，一封给最好的朋友，一封给三年后的自己，回到学校后，这些信会有专人另外处理。

我不太了解学校为何要做这样的安排，也没有把写信这件事情放在心上，因此回到学校后，没多久就忘光信上写的

内容了。

没想到，三年后，当我升上大学，竟然真的收到当年写给自己的信和一位朋友寄给我的信……

这位已经不在我的生活圈里的朋友，是我一个好友的女友，虽然他们分手了，但我们仍然保持联络。如她信里所说，她一直觉得我是“前男友的朋友”，而我也一直认为她是“朋友的前女友”。我们之间能够继续像朋友一样往来，完全是因为《海贼王》的缘故。

当时，我们每周都会一起引颈期待《海贼王》的网络最新连载，看完漫画之后，还会兴奋地互相讨论剧情。

那些记忆中的主角始终没有长大，可是我们却在一夜之间成熟了。

毕业后，我到另一个城市念大学。偶尔会在 MSN 上看到她的近况更新，但几乎没有做出什么响应。

三年后，突然收到她当年写的信，还真是有点受宠若惊。于是，我发了一条短信问候她：“突然收到你高中时的信真是感动！谢谢你把我当朋友。”

没多久，她也回复了短信：“哇，真的过好多年了！你现在《海贼王》看到哪里了？”

谈到《海贼王》，我们的话匣子又立刻打开了。

大学毕业后，我回到台湾，她则继续留在新西兰工作。春去秋来，又是几个寒暑过去，我们在茫茫人海中渐渐失去了联络。

每次翻开《海贼王》，看见那些主角仍然在伟大的航路上往前进，而我在新西兰度过的学生时代，早已一去不复返，不禁感到一阵唏嘘。

当时的回忆、朋友、追着看《海贼王》的心情，就像来自大草原的信，始终停留在我的脑海里。

事隔多年，那封信仍然保存在我的抽屉里。有时打开抽屉，不免会勾起过去那段遥远的回忆……不知曾经和我一起追看《海贼王》的她，现在过得如何？也许在工作上有了不错的发展，也许结婚了……还有，不知她是否和我一样，仍然爱看《海贼王》？

常听人说网络很假，真好笑，好像现实很真一样。

有时候，面对老朋友不是不想问现状，就是怕问了仿佛显得关系更疏远。

20_

一声朋友可能是一阵子，一句老朋友却是一辈子

我们日复一日地忙于念书、工作、约会、家庭等生活琐事，和朋友的交集不知不觉中也减少了。

到了人手一个智能手机的现在，有时候，我们即使和朋友相约聚餐、喝咖啡，都忍不住拿起手机上网、看facebook、收发电子邮件，处理一些无关紧要的事情，忽略了和朋友相处的时光是多么可贵。

人啊，总把一些人的存在视为天经地义，把自己拥有的东西视为理所当然，有一天，才发现这些拥有的宝物瞬间即逝……

看到《海贼王》里鲸鱼拉布与布鲁克的故事，我的内心顿时感到一阵怅然。

一开始，拉布以为布鲁克率领的伦巴海贼团环绕世界一周后，会再次回到“伟大航道双子峡”，眼下的分别不过是一场短暂的别离，可是，他在峡湾整整等了五十年，还是等不到伙伴们凯旋。

因为想念伙伴，拉布反复用自己的头撞击岩石，这一幕也令人鼻酸……好不容易，路飞一行人终于遇到了布鲁克，通过他的回忆才了解，原来拉布的伙伴们并没有忘记最初的约定，而是在变幻莫测的伟大航道上航行时，有些船员不幸得了传染病死亡，之后又遇到强敌，导致全军覆灭！只剩下布鲁克因为吃下恶魔果实侥幸存活下来，成为一具骷髅，才无法遵守约定[1]。

老朋友之间，最怕的就是不闻不问。

人与人之间逐渐变得陌生是一件伤感的事。那些从我们的生命中离开的朋友，或许令人遗憾，但是，一旦成为“老朋友”，就像拉布和布鲁克始终惦记着彼此一样，虽然他们坚持在山崖上与对方重逢的约定落空了，但他们的心意永远不会改变。

---

[1] 典出单行本第 50 集。

有位老朋友，我一感到寂寞就想找他倾诉，而他总是耐心倾听。

有位老朋友，尽管我们真正相处的时间并不长，但我一发布 facebook 文章他就来按赞。

有位老朋友，常陪我看一些无聊的电影、做无聊的事、说些无聊的话，却甘之如饴。

有位老朋友，他的 facebook 朋友名单只有四个，我很荣幸成为其中一位。

有位老朋友，不时打电话来问候我，最近过得如何……

在漫长的人生道路上，有时难免会感到疲累，内心犹疑不安，此时，如果老朋友送上一句关心的话语，一股暖意就会在你内心油然而生。

友谊真的是一种很奇妙的东西，它让人在心情沮丧时能够重新振作，在面对挫败和挑战时，产生勇往直前的信念。

一声朋友可能是一阵子，一句老朋友却是一辈子。

走在崎岖的人生道路上，能收获最珍贵的友情，也是值得一辈子珍藏的回忆。

如果一个人真的在你心里，那你不会在乎他是否在你身边。

炒鱿鱼

It's cruel,
but we will survive

第三章 工作篇

21_

投一张履历是在寻找梦想，投一百张履历却让我认识了现实

和很多社会新鲜人一样，退伍后，我对于寻找第一份工作怀抱无限憧憬，也依照自己的兴趣投出了第一封履历，像是掷出了梦想的直球。

可惜的是，由于缺乏工作经验和历练，我的第一棒就挥棒落空，没有得到原本想要的工作。接下来，我寄出的第二封履历到第十封履历都石沉大海，看来距离自己的梦想似乎越来越远……于是，我把求职的条件放宽，继续狂撒履历，只想赶快找到一份工作。

这段投石问路的过程其实是很痛苦的，一连串的碰壁也使得我原本雄心万丈的企图心，顿时变成了自我否定的消极心态。

面对求职的难题，即使早有心理准备，但真正面临时，才知道跌倒时有多深、多痛，这种强烈的失落感也让我辗转难眠……

原本怀抱着美好的想象和计划上路，走着走着，突然就

变成了沉重的包袱。而最令我感到难过的是，自己过去似乎白读了十几年的书，找不到可以发挥一技之长的舞台……

在这个低薪风暴笼罩的年代，人才想着往国外跑，“爆肝一族”（指严重熬夜和操劳的人）哀叹自己卖命却没有卖命钱……而像我这种放洋的留学生，在国外念书这么多年，父母投入那么多“本钱”，可能连本都拿不回来，只换回了三声无奈。

此时，不管周遭的人有没有给你压力，自己都会慌，说穿了，就是内心一片茫然，并且认清了现实。原来，不是每个有实力、有自信的人都能被发现，也不是只要努力，就一定会获得他人的赏识。此外，我也发现，自己想要的东西，和能够在职场上获得的东西并不对等。很多时候，你想要的工作，往往并不能提供你想要的合理待遇。

这社会教我的第一件事情，是碰壁了也不能绝望。

路飞在刚开始学习用“橡胶手枪”来战斗的时候，曾经被艾斯当作笑话，并且告诉他“这并不适合拿来战斗”[1]。但他没有放弃，经过千锤百炼之后，这招也成了他最得意的技能之一。

在职场上也一样，没有任何一个工作能够在一开始就满

[1] 典出单行本第60集。

足我们所有的期待，否则，人生就不需要奋斗了，不是吗？

“人生有梦，筑梦踏实”是我们经常从书本中看到的话，梦想不是说追就能追得到的，现实问题时刻提醒我们，必须适应这个社会的游戏规则。

在这个竞争激烈的年代，我们要先学会放下身段，才能在社会上站稳立足。尤其对于初出茅庐的社会新人来说，第一份薪水真的不要期待太多。

有个年轻朋友向我抱怨，大学毕业却只能领两万两千台币（约四千五百多元人民币）的薪水，连养车都不够。我告诉他，当我还是职场菜鸟时，也曾抱怨过薪少事多、存款增加速度缓慢，但是我认真地看待工作，并通过做好工作上的小事，来建立自己的成就感，也打下良好的工作基础。

不过，“认清现实”与“怀抱梦想”并没有冲突。

如果你仍然对自己的梦想有所坚持，请别慌张，也别放弃，更不要吝于给自己更多的机会。

很多时候，一件件小事的累积，正是实践梦想的关键。

我经常勉励自己，把《海贼王》的精神用在职场上，学着对那些不顺心的事情，乐观以对。我也相信，只要和路飞一样，遇到困难和挫折时不绝望、不认输，明天一定会更好。

小时候跟成年后最大的区别在于，以前面对的唯一问题是考试，而长大就是除了考试之外的所有事情，你都要去面对。

上班没什么不好，只是我更喜欢周末。

22_

有些人值得感谢，是因为他懂得你的好

在某个社交场合，朋友介绍了一个同样是从新西兰念书回国的女生妙丽给我认识，她在朋友圈里一直是个领袖型的人物，不但长得漂亮，而且聪明伶俐，成绩也好。

大学读会计的妙丽说，她刚开始回台湾找工作时信心满满，以为自己一定可以找到满意的工作。没想到台湾和新西兰的会计就业市场大不同，在新西兰，会计系的新人可以得到年薪近百万的待遇，可是在台湾，一个会计系的新人在没有考到会计师执照前，薪水大约三万台币（约六千多元人民币）出头。

有间会计师事务所愿意为妙丽提供一份工作机会，但妙丽拒绝了！她认为这家公司工作时间长，与自己期待的薪资也相差甚远。因此，她改去银行应聘，结果面试时被一家银行的主考官说："很多国外回来的都眼高手低。"让她觉得很

沮丧。怀才不遇的她想到国外再去攻读硕士学位，又担心自己没有实际工作经验，申请不到好学校。

其实，妙丽的故事常常发生在你我的身边，很多初入职场的社会新人，往往无法接受“从头做起”“从基层做起”的现实，这是十分普遍的现象。

我们经常听到很多人满腹牢骚地埋怨自己怀才不遇、抱怨自己的工作不受重视、每天的工作内容琐碎又微不足道……有人则怨叹现在的工作无法带来财富，更无法实现所谓的人生价值。

在工作上，除了薪水和职位之外，其实还一些附加价值是经常被忽视的。比如，如果你能够在工作上得到另一个人的赏识、欣赏和信任，是一件多么值得庆幸的事！

倘若没有遇到伯乐，即使你学富五车、满腹经纶，拥有过人的才华，也还是只能淹没在茫茫人海之中。因此，在工作上最值得感谢的，是愿意给我们机会的人。

在《海贼王》里，身为船长的路飞，有这么多伙伴死心塌地效忠他，是因为他对伙伴们的能力完全信任。因此，他们以极大的热情来回报，陪着他上山下海，赴汤蹈火，在所不惜。

当路飞面对恶龙海贼团的挑衅时，曾被问过：“像你这种被丢到海里都没办法自己浮起来的人，到底能做什么？”

他回答："就是因为我什么都做不到，大家才会来帮我。我既不会剑术，不会航海术，也不会做菜，更不会说谎。如果别人不帮我，我根本活不下去！"

由此可见，一个人的能力是有限的，有时候除了自己，还需要依靠别人。

路飞之所以能在大海中乘风破浪，不是因为他有多厉害，而是因为他能够吸引到许多不同特质的人来帮助他。

可是，如果把场景转换到现实的工作场合，我们出于单纯的动机帮助他人，尤其是上司时，却会经常招来一些闲言闲语，像是"马屁精""爱表现"等令人刺耳的话。面对这些流言蜚语，我很想说，少一点阴谋论，多相信"人性本善"吧！帮助一个人不见得非要达到什么目的，也不是为了某种目的要迎合他人，弄得自己看上去虚情假意。

人常常把所得到的一切视为理所当然，忽略了他人的知遇之恩。对于他人的提携或帮助，我们要时常心存感恩。记住对你好的每一个人，因为他们没有义务对你好，也根本不需要这么做。

懂得感恩他人的付出，对那些懂得你的好的人来说，是最好的感谢。

不要一便秘，就怪地球没引力。面对问题，请先从自己身上找原因。

一个人不被信赖，比被背叛还令人觉得难堪。

23_

同事是一时的，朋友却是一辈子的

我印象很深刻的是，有位职场老鸟曾经告诉我："工作上是以利益为先，难有真朋友，所以不要随便交心，乱说一句话都不可以，深交更是万万不可！"

的确，工作场合是来工作的，不是交朋友的。有的人对你好，或许是为了攀关系；有的人向你示好，也许是为了利用你；有的人跟你要好，是为了多一个人，多一条路。但是，人非草木，孰能无情。这些与你朝九晚五相处、患难与共的工作伙伴，拥有共同的经历，彼此加油打气，可以抚平不少工作上的烦恼和挫折，不和他们成为朋友，似乎也说不过去。

职场上的朋友就像是一把双刃剑，良好的同事关系并不等于朋友关系。

从正面的角度来看，在工作上，当两人的观念一致、沟通顺畅时，合作更有效率；但从另一个角度来看，当两人意见产生分歧时，也容易因为是朋友关系而产生公私不明、轻重不分的后果。

对我来说，职场不是不能交朋友，只是需注意分寸。如果因为害怕受到伤害就选择了离群索居、不以诚心待人，往往会让自己活得更辛苦。

在职场上，不能忘记的一点是：要时时站在对方的角度思考，尊重对方的决定。即使对方在工作上提出异议，也要留给他考虑和决定的空间。

记得有一次，我看到另一个部门的同事小蔡，气鼓鼓地跑到我们的部门，找一个资深的同事老马，质问："你什么意思！为什么把我们两个人的 E-mail 副本传给老板？"

老马听到小蔡的嚷嚷，不慌不忙地抬头解释："我没有别的意思，我只是认为我们谈论的事情涉及项目发展方向，应该让老板了解一下，不知你有什么意见呢？"

"你不就是因为我不同意你的看法，说了几句不好听的话才这样做吗？我告诉你，这个项目的主要负责人是我！"小蔡愤愤不平地说。

"别激动，我只是提出建议，项目当然还是你负责的……"

老马用尊重的语气，耐心地与他沟通。

到了中午，小蔡接受了老马的邀约，一起去吃午饭，最后两人有说有笑地回到办公室。

在工作场合中，同事之间一定会有意见不合、发生争执的时候，这些问题往往不见得是谁的错，也有可能是两方都有错，实在没必要针锋相对，分个孰是孰非，而应该去思考如何让事情顺利地进行下去。

以和为贵，是职场不灭的生存法则。同事是一时的，朋友却是一辈子的。我相信只要坚守自己的原则，以诚相待，还是能在工作中找到志同道合的朋友的。

在这个竞争激烈的年代，我们要先学会放下身段，才能在社会上站稳立足。

24_

社会像染缸，人生像白纸，别因为怕被染色就拒绝进入社会

当我年纪小的时候，曾相信这个世界上有圣诞老人的存在。直到渐渐长大之后，才发现圣诞老人都是大人假扮的。虽然明知圣诞老人不可能存在，但它也让我明白了一件事：假扮圣诞老人送礼物给我的大人一定很爱我，才会努力地让我相信世界是美好的。

长大成人后，我们开始体会到这个世界不如想象中美好。有些人选择了逃避现实，无限延长自己的青春期，比如到了应该经济独立的年纪，还在念书、考研究生；有些人则长期待业，甚至干脆待在家里，成为依赖家人提供经济支柱的"啃老族"。

现实无法逃避，青春不能延长，时间会逼着你不得不长大。

这些人不想长大有很多原因，也许是羡慕别人的青春，也许是不想负责任，也许是想要避免年纪越大失望越大的痛

苦，也许是抗拒外在环境和自己所想象的不符……

我的大陆朋友宝尼，很小就到新西兰念书，他为人海派、讲义气、爱交朋友，就是不爱读书。

但是，到了高中最后一个学期，他突然变得十分认真，不但下课后会主动请教老师问题，就连放学后也留在图书馆复习功课，成绩突飞猛进。大家都惊讶于他的改变，可是有一天，他突然消失了，也没有参加升大学的考试。

最后，我们从师长的口中得知，宝尼的父亲之前去世了，家里无法再支持他在国外留学的费用。而他最后一个学期突然发奋图强、用功读书，或许是想对自己有个交代吧。由于再也没有父亲可以依靠了，他不能再像以前一样对什么事情都不在乎，过着醉生梦死的生活。此外，他也把在新西兰最后的几个月，拿来对自己的学业负责，勇敢地面对自己的人生。

也许现在的你，还能依靠家人的帮助，抗拒社会这个大染缸，避免沾染上任何世俗的色彩，但是，随着年龄的增长，生存压力会更大，竞争力也会变得更差……在如此恶性循环之下，也就更难学会独立。

成长是需要磨炼、付出代价的。在人生当中，父母不会永远替你埋单，亲朋好友最多只能从旁协助而已，没有人会陪伴你一辈子。所以，你要学着独立面对这个世界。即使对于未来感到彷徨无助，也要凭借着自己的力量勇往直前。

很多道理不是不懂，就看你
怎么说，听不进去的等同于
废话,听得进去的才是道理。

没有人会陪你一辈子，所以你要
学会适应; 没有人会帮你一辈子，
所以你要学会奋斗。

_25

不要只做你认为对的事

在“海贼王惊点语录粉丝团”里，我提供了很多正面励志的文字，但我从来不鼓吹大家“成功必胜”的理念，也不以励志大师自居。我认为，人不要太早论成功，尤其是年轻人。当然，如果你拥有上千万甚至上亿资产，那又另当别论了。

我们经常从报章杂志上看到一些令人热血沸腾的成功故事，却往往没有认真去思考成功背后的意义。这些故事，有时也助长了一些容易受鼓舞的人产生过度乐观的自信。

那些过于自信的人，往往不知道将一件事情做好有多么困难。因此，他们常常遇到一点挫折就心生动摇、失去了信心，甚至一蹶不振，并且为自己的失败找各种借口。

“因为我是办公室里年纪最轻、资历最浅的，所以主管不愿把大案子交给我……”我曾在工作场合听到一个年轻人这样说。

如果不了解老板和主管为何不敢把大事交给你负责，何不先问问自己，如果你是主管，会把一件重要的事情交给一位自我感觉良好的新人，还是已用实力证明过自己的资深人士？老板需要你做什么，和你已经做了什么，这两者之间有什么分别？

成功不是靠想象而已，自信也不是“相信自己”那么简单。

一个人在还没有取得任何成就之前就“自我感觉良好”，是一种盲目的乐观。虽然人必须着眼于生活中光明快乐的一面，才能让日子比较好过，但这种盲目的乐观常常会让人忽略甚至否认一些小问题，最后逐渐扩散变成大问题。

在追求成功的道路上，不要因为事小而不为，也不要期待有一天大事会从天而降，瞬间扭转你的命运。

进入社会后，每当在工作上遇到不顺心的事情，我常常会把《海贼王》漫画拿出来阅读，它也帮助我思考一些问题不同的层面。

“你这井底之蛙，我要让你看看世界有多大！”这句《海贼王》中的鹰眼名言[1]，很适合年轻人好好思考。此外，我也学到看事情不要太绝对，必须以更宏观的角度去思考问题。

[1] 典出单行本第6集。

向来哥俩好的路飞和乌索普因为“梅利号”停驶事件[1]，产生了严重的意见分歧。乌索普无法理解路飞为何要换船，虽然全体成员包括他自己都明白，这是路飞不得已的决定，但他仍然不甘愿地挑战路飞身为船长的权威。

这也迫使路飞脱口说出：“这是我决定的事情，不管你说什么，我的想法都不会改变！如果你对我的决定这么有意见的话，那你现在就退出……”

乌索普一时难以接受这个现实，主动请辞，并提出了决斗的要求。他一连串的举动让整个“草帽海贼团”差点瓦解。最后，路飞和乌索普花了很长一段时间才修复彼此的关系。从这件事上，我也体认到：

即使领导者是你的朋友，意见不一致时，仍然应该给予对方适当的尊重和服从。

虽然被人误解时，解释是一件无谓的事，因为对于喜欢你的人根本就不需要解释，而那些不喜欢你的人，即使你解释了他们也不会信。解释往往会变成让自已释怀的一种做法。可是工作上的沟通并不在这个范围内。工作不能只做自己觉得对的事情，而是要听听别人怎么说，从中找出问题并且修正它，如此一来，离成功之路也就更进一步了。

---

[1] 典出单行本第 35 集。

所谓成功，不见得要做到周遭的人都喜欢你，而是要做到他们全都需要你。

盲目的乐观常常会让人忽略甚至否认一些小问题，最后逐渐变成大问题。

_26

工作与价值观的冲突，是成长的开始

几年前，我辞去了人生中的第一份工作，原因是无法适应公司的某些制度。虽然离开之前，我也曾试着改变这些制度，最后仍然以失败告终。

经过一段时间的沉淀之后，我慢慢了解到：在职场上，很多处理事情的方式会采用目前的制度，必定有它存在的理由。绝大多数的公司招员工进去，是希望在现有的基础架构下完成工作、达成目标，而不是挑战公司的体制。

很多时候，人们排斥这些制度是因为不了解，一旦了解，才可能产生同理心，尊重对方的想法。

人在发生冲突时，大多是想着改变别人，却很少愿意改变自己。

因此，当我们面对冲突或者矛盾的时候，首先应该做的，不是强迫对方改变立场，而是试着去了解对方的立场，适时做出一些改变。

此外，我也意识到工作与个人的价值观有冲突是很正常的事。毕竟每个人生来都是独一无二的个体，拥有不同的价值观和信念，因此，喜欢做符合自己价值观的事情，或者排斥做某些事情也在所难免。

在职场上，我们有时候必须为了五斗米折腰，或是做一些和自己的喜好背道而驰的事情。我们的内心会因此而纠结，甚至产生矛盾和冲突。这时，放下一己成见，从职场的生存法则中找到异中求同的共识，才能避免内心的痛苦。

有一阵子，我曾经在一家人力资源公司工作，必须处理各种问题，比如，写出一个连自己都不相信的广告脚本。我记得有一次，我被要求用营销的方式告诉大众：在特定的人力资源网站用几分钟的时间，输入一些特定的数据，数据库就可以仿真出一篇宛如求职者自己写出来的超完美自传。

可是，其实这种功能在某种程度上是误导群众。因为你所求职的公司的人事部门不可能看不出来这是计算机仿真出来的稿子，更别说他们可能一天就收到几百份、几千份规格差不多的自传。

我在写文案和广告脚本时，一直过不去自己内心的那一关，迟迟交不出上司想要的内容。我写出来的内容，与他们要求的不太一样，不是那种二十四小时就能得到回复，或者几分钟就能找到工作的夸大其词，顶多只是告诉大家，我们公司提供一个模拟自传的新服务。

当时，有位职场老鸟好意提醒我，或许可以换个角度想：在工作场合中，你代表的不只是自己，而是整个公司的形象。若是混淆了工作上的身份和自我本身的形象，你很难放下成见去尝试了解他人的感受，也忽略了工作的本质就是达到公司的要求，以换取工作上的报酬。

最后，由于理念不和，我还是选择了离开这家公司。大概三个月之后，才找到了一份我更喜欢，或者应该说更符合我理念的工作。

这份新工作同样是和营销相关，虽然偶尔也需要用词夸张，但基本上我和主管的个性都比较实事求是，不会写出那些违背自己内心的话。

自从那一次的经验后，我常告诉那些在工作上因为挫折而感到灰心气馁的朋友，当你没有更好的选择又无所遁逃时，请先想清楚三个问题：

你是什么？

你要什么？

你能放弃什么?

在可以选择的情况下，放弃这份工作不是不可以，但你该考虑的是离职后是否能够拥有另一片更广阔的天空?

很多人在意的往往不是所做的事情，而是一起做事的人。

虽然在不同的公司会有不同的制度，但就相关工作领域来说，基本上所做的事情是没什么两样的。所以，跟我们一起共事的人往往很重要，有时候“人和”了，讨厌的事情也就可以迎刃而解。

谁都想在一个最适合自己、更有发展前途的地方工作。在经历过第一份工作的“震撼教育”洗礼后，我开始把工作上不愉快和不顺心的事情当作一种正面教材来学习。因为工作与价值观的冲突，往往正是成长的开始。

当事情可以改变的时候，
你必须学会取舍。

二十岁以前常常很傻很天真，
二十岁以后开始装傻装天真。

你要改是因为自己愿意改，不要为任何人，怕只怕那个人会令你失望，你又得要打回原形。

_27

犯错并不可怕，可怕的是没人愿意告诉你犯了错

刚踏入公司的社会新人，是最容易犯错的。他们初生牛犊不畏虎，满腔热血地以为自己有理就能走遍天下，往往忽略了组织里一些不成文的规定和当权者的主观意识。

这些“职场潜规则”比诉诸白纸黑字的明文规定更令人难以捉摸，令人常常一不小心犯了大忌却不自知。等到看到公司里比自己更菜的菜鸟重蹈覆辙之后才明白：人之所以会犯错，不是因为什么都不懂，而是自以为什么都懂。

“人非圣贤，孰能无过”，人不是不能犯错，而是用什么样的态度面对自己所犯下的过错。一旦发现犯了错，千万别怯弱地替自己找借口。

《海贼王》里的弗兰奇对于自己之前犯的过错始终耿耿于怀，他认为是自己制造的战舰伤害了恩师，因而在心中留下了无法抹去的阴影。

弗兰奇不愿触碰心中那道伤疤，选择了压抑自己的心，直到同门师兄艾斯巴古出面劝告，该是原谅自己的时候了，才解开他心里的结，不再耽于过往的错误。最后，在路飞的力邀下，他以船匠身份加入“草帽海贼团”的行列[1]。

弗兰奇的故事告诉我们：犯了错，与其用后悔来折磨自己，不如真心悔过。

记得刚踏进社会时，我曾经在某个会议中对着一位年纪跟我父亲相仿的同事脱口而出：“大家尊重你，不是因为你的能力，而是因为你的年纪！”

事后，我自责了很久，觉得自己过于莽撞又失礼，因此打了通电话向那位同事道歉：“前辈，我实在不应该对你说这样的话，这件事情是我一时嘴巴快，是我的不对……”

“你的道歉我接受了，现在像你一样懂得反省并且勇敢道歉的年轻人已经不多了。没事的！你没什么不好，就是……”那位前辈不但给了我一个台阶下，还在电话中指点了我一些工作上的问题。

经由这件事，我发现，犯错并不可怕，可怕的是没人愿意告诉你犯了错，进而修正自己的错误。

[1] 典出单行本第37集。

没有人不会犯错，犯了错也没什么大不了。

如果事情真的已经到了无法挽回的地步，心情沮丧是难免的，但却无助于解决问题。此时，最重要的是负起责任，准备承担后果，以及思考该怎么做才能让事情进行顺利。

人最容易犯的错，就是“因为害怕自己会犯错，而选择什么都不做”。

许多人怕失败，凡事小心翼翼，尽可能什么都不做，因此也很难学会其他事情。要知道，每个人生来就不完美，犯错并不代表失败，千万不要因为一次的失败就轻易否定了自己。

“人非圣贤，孰能无过”，或许我们无法做到永不犯错，但至少可以努力让自己不重犯同一个错误。

此外，人生中的每次错误都是弥足珍贵的经验，它也蕴藏着许多宝贵的启示，帮助我们从错误的教训之中学会成长。

很多人受过教育，却依然没有教养。

人可以犯错，但请不要一错再错。

_28

凡事别把自己逼得太紧，因为就算是神创世也要七天

工作是现代人生活中相当重要的一环，许多人把工作当作是生活的重心，随时随地都在“工作”，即使下班了也三句不离本行，似乎一旦脱离了工作，他们的生活就失去了目标。

对于工作认真负责固然值得推崇，但如果毫无节制地工作，并且影响到正常生活甚至健康，那就是一种“工作狂”了。

人把半生的时间花在工作上，是为了改善生活，而不是让生活中只有工作而已。

一个人不可能日复一日、年复一年地坐在办公室里长时间工作，偶尔也需要适度的休息。

根据研究，人类的紧张感大约以一个钟头为极限，若是持续工作不休息，工作效率就会不升反降。因此，我们需要在有限的时间里，以较高的效率完成工作。

首先，别让自己在心里隐忍着焦躁的情绪，时间到了就该休息，千万别太勉强，不妨利用工作空当休息一下，养精蓄锐，以维持工作的能量。就像学生时代一样，我们往往会看一个小时书、休息十分钟，让大脑稍微休息后再继续埋头苦读，这样念书也更有效率。

许多人工作一整天之后还要加班，并不是真的工作繁重，而是因为他们将时间浪费在一些琐碎的事情上，像是和同事闲聊、看朋友的 facebook、离开座位到外面打电话……等到真的要做事了才发现，一个上午就这么不知不觉过去了。

所以，提升工作效率很重要，做得多并不代表做得好，加班也不是值得炫耀或骄傲的事情。

在大多数老板的眼中，工作和休息往往势同水火，如果老板发现你在上班的时间休息，很可能会对你的印象大打折扣，更别说有可能失去升迁的机会。

不过，这并不表示你不能用一种比较轻松的心情去看待工作。记得有几次出外拜访客户时，由于事情太多太乱，我常常拖到最后一刻才出门。到了客户那里，才发现自己竟然忘了带名片。事后我反省自己，如果在做事情时不慌不忙，就不会忙中有错，忘记一些该注意的细节，造成尴尬又失礼的局面。

切记，凡事别把自己逼得太紧，因为就算是神创世也要七天。

现代人长期处于充满压力的环境，特别需要调适自己、放松心情。有些人是借由美食，有些人是跟朋友聊天。有些人则选择运动，来调剂身心。

说起来我的放松方式似乎跟一般人有点不一样。很多同事会利用中午趴在桌子上小睡，而我则是在午休时间发一则“海贼王惊点语录”。在短短的几分钟，看着按赞数瞬间从零飙到一万，还有不断更新的分享数和留言……这会带给我一种无法言喻的成就感，心情顿时感到无比的快乐，工作上的种种烦闷和疲累也顿时烟消云散！

工作就像俄罗斯方块，不规则的事物不停掉下来，你必须在很短的时间判断它们该放哪里。最糟糕的是，前面的还没想好，后面的工作一件又一件地接踵而至。

每年总有 365 天不想长大，每月总有 30 天不想上班，每周总有 7 天不想起床，每天总有 24 小时不想动弹，所以上天创造了假期，能够偶尔满足我们的懒骨头。

29

在职场上，不能把每件亲眼所见的事情都信以为真

不久前，有位朋友告诉我，他同时获得了两家公司的录取通知，让他有些苦恼，是选择去人人称羡的外企公司当个专员？还是去另一家规模较小的本土中小企业当个小主管？

身边的人都告诉他："选择一家好公司最重要，将来才有保障！"

我反问他："所谓的好公司，到底是你真的了解它的好，还是只因为大家都说它好，所以是家好公司？"

虽然外企公司多半坐落在比较时尚的商业大楼，员工出差时住在比较高级的饭店，可是，这真的是他所追求的吗？事实上，外企公司的薪水和福利不见得比较好，升迁机会往往有限，有时候即使你待了五年、十年，以为有朝一日可以晋升到高阶主管，没想到这个位子最后竟然被总公司派来的空降部队给占据了。

在外企公司，加班也是家常便饭，有些人虽然厌恶加班，却又不敢不加班，反正“你不做，会有别人抢着做”。

人都爱面子又喜欢攀比，但即使对别人来说是最好的，却不见得适合自己。

找工作时，你该考虑的是自己想要什么，而不是别人在意什么。

好的工作应该是适合自己的工作，而不是公司的规模和名气大的工作。小公司未必不是好公司，高薪的工作也未必就是好的工作。很多事情，眼睛看到的不见得是真实的。

我在找第一份工作时，曾经到一家知名的网络公司面试。当我看到那家公司拥有时尚的大楼，还有华丽的摆设，心里不禁想：如果能在这样舒适的环境办公该有多好。结果经过三次面试后，我被录用了。在进入这家公司前，也特地上网查询了一下这家公司的口碑。

令人不解的是，几乎所有在这家公司待过的网友，给予的评价都是负面的。可能当时的我太自负，总觉得那些人是“草莓族”（指工作上没什么定性的年轻人），所以才无法适应工作。况且，这家公司的名气十分响亮，如果我能进去上班，讲出来也够有面子了。

于是，我走进这家公司，开始每天早上八点半上班、晚上十点下班的生活。但是每天，当我回到家以后，家人多半已经就寝，几乎失去了和他们相处的时间，过了两个月爆肝的生活之后，我不得不选择离开。

这次经验也让我思考，在找工作前，必须先弄清楚自己到底想要什么，追求的是什么？

有些人追求事业上的成功，他们不见得需要更多和家人相处的时间；有些人因为经济上的压力，有多少钱就赚多少钱；有些人需要的是事业和家庭兼顾，希望下班后还是能拥有自己的生活。

每个人的选择不同，每种选择都有它的理由。但如果连自己都搞不清楚到底想要什么样的工作，那么，你永远也找不到一份真正适合自己的工作。

有位在高科技公司工作的朋友一直有当自由工作者的念头，去年他终于下定决心离开公司，以自己的程序设计专长在家接案工作。虽然他的收入不如上班时多，但每个月都有稳定的进帐，也有更多的时间做自己真正想做的事情。

有一次我们一起吃饭时，他语重心长地告诉我：

宁可做让自己开心的工作，也不要做让你毫无成就感的工作。

对于上班族来说，要维持梦想与现实之间的平衡并不容易。在大多数人眼中，一个人的社会价值是由薪水、存款等一连串的数字组成的。这时候，自我肯定的信念很重要。你必须清楚，自己的价值绝不是一些外在数字就能决定的。就像我这位朋友，他并不恋栈从前的高薪工作，也不羡慕大公司响当当的名号，因为那些东西不见得能够让一个人的人生变得充实。找工作不要活在别人的嘴巴里，也不要以“让别人看起来好像过得很好”为目标。实际上，找到真正适合自己发展的工作，才能迈向更丰富踏实的人生。

你必须清楚，自己的价值绝不是一些外在数字就能决定的。

人对想做的事总能找出时间和机会，不想做的事情总能找出借口和理由。

现实会让你不得不舍弃一个梦想，可是别让它抹杀你所有的梦想。

_30

无聊，是工作上会遭遇的一件平凡事

对于很多上班族来说，“世界上最遥远的距离，是周一到周五的距离”。

这句话我曾贴在“海贼王惊点语录粉丝团”，短短几个小时就获得了两万多个赞，三千多个分享。

说起来，“工作”两个字真是让人又爱又恨。我曾听过许多上班族朋友说，他们不喜欢自己现在的工作，或者说，找不到自己在工作上的价值。

刚踏进社会大学的新人，一心一意想找份好工作；职场老鸟们期待在工作上有更好的发展、更多的薪水入账。一开始，我们努力工作是为了改善生活，可是，曾几何时，工作不只占据了我们一天三分之一的时间，也主宰了我们的生活，甚至让我们失去了一些自由和快乐。

“但是，假设你今天中了乐透（Lottery，指彩票的一种玩法），一辈子不必工作就可以衣食无缺，你真的会比较快乐吗？”我也曾问过自己这个问题。

虽然不太愿意承认这一点，但如果没有工作，生活的确会乏味不少。

在我们的身边，不难发现很多人对工作容易感到倦怠，做一行怨一行，在从事眼前工作的同时，很快地又把目光转向其他可能会有乐趣的工作上，继续物色下一份工作。有些人则经常以工作缺乏挑战性为由，动不动就跳槽。这些惯于骑驴找马的人，忽略了一个事实：

我们总期待找到真正满足兴趣的工作。可是，没有任何一份工作会永远有趣好玩。

工作场所不是你要来就来、不爱就走的游乐场，更不是任你挑三拣四的菜市场。只是，很多人往往不知道自己想要的是什么，只知道自己不喜欢什么，因此有些机会，就因为不喜欢而错过了。

我曾问过几位出租车司机：“你的工作有趣吗？”

“一天到晚开车，怎么可能有趣？”有人回答。

“都快生活不下去了，还谈什么有趣！说到这里，我们的政府吼……”

“我会跟每位客人聊天，遇到有趣的客人，工作还是满有趣的。”

我发现，当我遇到那些懂得在工作上自得其乐，而不是自怨自艾的司机时，路途上往往比较开心。

在职场中，老板没有义务让你的工作变得有趣，而工作的乐趣是自找的。倘若你没有尝试过去发掘工作的有趣之处，又怎能得到工作带来的成就感和满足感呢？

台湾半导体教父、台积电董事长兼总执行长张忠谋先生，曾说过一个关于自己第一份工作的小故事。那时，他刚从美国马萨诸塞理工学院毕业，进入了一家知名的美国半导体公司，负责提高产品良率、开发新设计的工作。为了迎合工作上的要求，他每晚苦读晶体管发明人肖克利[1]的经典著作《半导体之电子与洞》。

“一开始读这本书就像读《荷马史诗》一样无聊，令人丧气。”他回忆道。

无聊是工作上必定会遭遇到的事情，而一个人的工作心态则决定了他的未来。张忠谋用多看、多听、多学习的态

[1] 肖克利（1910-1989），美国物理学家，晶体管发明人，诺贝尔奖金获得者。

度，从看似平常的工作中提炼智慧、培养能量，从中得到了一生受用的礼物，而这也是我们在工作中应该努力追寻的目标。

世界上最遥远的距离，是周一到周五的距离。

一辈子不必工作就可以衣食无缺，真的会比较快乐吗？

sometimes letting
go is kind of love

第四章
爱情篇

31_

不是一辈子的人，不说一辈子的话

很多人常说，《海贼王》里只有兄弟之情、伙伴之情，没有爱情。但是，在我看来，无论是香吉士对于众家美女的多情，女帝对于路飞的单恋情愫，还有“第0话”中，罗杰夫妇之间相爱却无法白头到老的遗憾[1]，都是爱情活生生的写照。

女帝堪称世界上最美丽的女人，刚开始她和路飞处于敌对状态，但路飞仍然保护着她的秘密，爱苗也因而渐渐在她的心中滋长……

女帝希望能和路飞有更进一步的发展，甚至幻想着两人能够步入结婚礼堂[2]。

---

[1] 典出动画电影《海贼王剧场版第0话》。

[2] 典出单行本第54集。

不过，就算她明里暗里地表达自己想做的不只是朋友，路飞仍然只是把她当作单纯的朋友，坚守底线，没有任何非分之想。

路飞的绅士行为，对照现代男女关系复杂的价值观实在难得。也许作者尾田荣一郎想要传达的其实是在这个感情泛滥成灾、暧昧铺天盖地的世界，如果你真的喜欢一个人，就不要和他有任何暧昧的来往。

在爱情小说、偶像剧的推波助澜之下，男女关系的花样越来越多，这当中也包括讲不清也说不明白的“暧昧”，多少红尘中的男男女女乐在其中，享受着短暂的欢愉。

有人说，“爱在暧昧不明时最美丽”。

的确，在爱与不爱、若即若离之间，往往让人心醉神迷。但是——

暧昧很容易，却很难得到一颗真心。

当你打算大玩一场充满刺激的暧昧游戏前，请先了解，它是需要付出代价的。即使一开始看起来不用投入太多成本，但爱情本身就是一件高风险的事情，即使两人爱得轰轰烈烈，以暧昧为起点的爱情，最后还是很有可能以伤心收场，甚至一不小心就跌入了痛苦的深渊，造成撕心裂肺的伤害。

暧昧看似轻松无害，却是最美的时候最模糊，最痛的时候最清楚。

我有位在工作上认识的女性朋友，最近认识一个在业界赫赫有名、号称“万人迷”的男性。有一天，她偷偷地和我说了两人正在暧昧交往的事。

我问她：“为何明知对方花名在外、前科累累，还要跟他搞暧昧呢？”

“暧昧是爱情刚开始萌芽的时候最甜蜜的感觉，而且你怎么知道他不会为了我而改变呢？”

对于她的反驳，我没说什么。但是，过了几个月，她请了年假，两周没有去上班。放完假回来再见到她，一点都没有神清气爽的感觉，反而整个人憔悴了许多。

我当然还是忍不住关心了一下她的状态，才知道她请年假不是为了出国度假，而是在家里疗情伤。心情低落的她，实在不想见到任何人。

她告诉我，自己这次真的很受伤，虽然她努力过，结果是这个男人没有为了她而改变。

我告诉她：“真正爱你的人不会和你玩暧昧的游戏。”因此，如果你也同样珍视这份感情，对其他人，就别轻易将暧昧的话说出口，否则只会伤人又伤己。

如果一个人搞不清楚自己所谈的是爱情还是暧昧，一旦受了伤，又能怪谁呢？

我们都太寂寞了，而为了不
寂寞，我们都做了太多傻事。

这世界值得你为他哭的人，永
远不会让你哭。

_32

向往的爱和实际付出的爱，往往是两回事

第一次看海贼王“第0话”时，剧中有幅艾斯的母亲露珠伫立在海边，眺望着远方的画面。她的金发在海风中飘扬，深深地吸引了我……此时，她的爱人罗杰死了，罗杰的死亡，也揭开了大海贼时代的序幕。

不过，露珠没有时间因罗杰的死而伤心。她为了躲过世界政府的全面搜索，保住她肚子里和罗杰的爱情结晶竭尽心力，最后将艾斯安全地生下来，自己也离开了人世。

剧情没有交代罗杰和露珠是如何从相遇到相知相惜的，只是侧面描绘他们之间即使无法长相厮守，仍然义无反顾爱到底的浪漫爱情故事，令人羡慕。

不过，许多年后，我重新再看“第0话”时发现，惊天动地的爱情虽然很有魅力，却不见得切合实际。当我谈了几场刻骨铭心的恋爱之后也才领悟到，向往得到的爱和实际付

出的爱往往是两回事。在爱情中的付出，不一定会有相应的回报。

爱情永远和你想的不一样，有太多的外在因素，让爱情变得复杂。

当爱情来临的时候，我们会感到无比的快乐，同时，也必须接受随之而来的失望、伤心、妒忌等情绪。

随着时间的流逝，这份感情也许会逐渐转淡，或升华为亲情。两个人在一起久了，也不可能永远像一开始恋爱时那样甜蜜，必须面对柴米油盐酱醋茶的现实生活。

平淡不是不爱，只是换了一种方式去爱。

无论多么轰轰烈烈的爱情，都有激情不再的一天。当两人不再成天把爱和想念挂在嘴上，感情从绚烂归于平淡，甚至彼此的关系变得越来越像是家人的时候，才是考验的开始。

我们必须学会调整自己的心态，这段感情才能走得长久。

爱情的本质是美丽、甜蜜的，却不一定永远。倘若在感情的路上不能坚持到最后，那么再美好的悸动、再浪漫的誓言，也只是如同梦幻泡影一般，华丽却不真实。

真正的爱情，不需要海誓山盟，而是在激情过后，仍然能够珍惜对方，一起走向“执子之手，与子偕老”的幸福结局。

有一天，当你蓦然回首，生命中不再有大起大落、狂喜狂悲，只有两个人凝视着彼此一起慢慢变老的身影时，那也许就是最好的爱情了。

人的一生也许可以爱很多次。然而，总有一个人可以让你笑得最灿烂，哭得最透彻，想得最深刻。只是你往往嘴硬不愿承认。

缘分是件很奇妙的事，很多时候遇到了却不知道，然后转了一大圈，又回到这里。

_33

爱情里最大的幸福，是你爱的人正好也爱着你，而且没有错过彼此

索隆十一岁时拜师东海的耕四郎，小小年纪的他一开始展露天赋，就拥有足以击败一般大人的实力，唯独对于比他年长两岁的克伊娜一胜难求。

在索隆第二〇〇一次挑战古伊娜成功后，古伊娜向索隆表明，自己不甘心因为先天体格不如男性而无法成为世界第一的剑客。索隆认同古伊娜的想法，于是，惺惺相惜的两人决心一起朝着“世界第一剑”的目标迈进，比赛看看谁能先完成这个梦想[1]。

可惜的是，古伊娜在许下誓言的第二天不幸意外身亡，使得前一晚的比试顿时成为绝响。

索隆还来不及表达自己的情愫就已经失去了古伊娜，让

[1] 典出单行本第1集。

他感受到生命是如此的脆弱。他请求老师赠予自己古伊娜的佩剑，并用自己的名号发誓，一定要完成两人的梦想。最后，索隆告别道场，离开了故乡，用一辈子的时间钻研剑术，也用一辈子的时间去想念古伊娜。

在现实生活中，像索隆和古伊娜这样“缘浅情深”的案例实在太多了！我们常常以为有些事情明天可以继续做，很多人可以再见，可是，就在转身之后，有些事情改变了，有些人错过了，就再也回不去了。

有句话说：“宁愿笑着流泪，也不要哭着说后悔。”爱情也是如此。在爱情中最大的遗憾是错过彼此，最大的幸福则是你爱的人正好也爱着你。

有一次大学同学会结束后，我们几个好朋友相约续摊（意为聚会后再继续新一轮聚会）。在拥挤的 pub（酒吧）里，坐在我身旁的女同学突然接到一个电话，竟然是一位认识了七年的男生，打电话来向她告白：“我们在一起吧。”

尽管我们都听到电话那头其他人的窃笑声，这位女同学还是淡定地说：“好啊。”然后回问：“你是不是玩真心话大冒险输了？”

对方说：“我说的是真心话。”

结果，在同学会这天，我奇妙地见证了一段爱情的诞生。这更让我相信，在爱情中，不要错过你爱的人，是多么幸福又幸运的事。

毕竟，爱了以后失去爱，也比从未爱过来得好。

真正的爱情，要懂得享受平静；真正的爱情，不见得需要浪漫的誓言和轰轰烈烈的经历；真正的爱情，是激情过后，仍然能够珍惜对方。

_34

不想伤害任何人的人，往往伤透了所有人

《海贼王》中的山治，拥有帅气迷人的外表、温柔体贴的个性，除了有点好色之外，他简直就是完美情人的化身。可是，却没有女人愿意交付真心给他。

从山治的人格特质来看，他在面对女人时多少有点烂好人的心理，只要遇到美女就会心花怒放。此外，他也坚持在战斗中绝不攻击女人，若是遇到美女还会主动投怀送抱，吃亏上当也在所不惜。这种行为美名其曰“骑士道”，却被娜美当作“白痴”。

他一开始非常喜欢娜美，娜美的任何举动在他眼里看来都是可爱的，不管犯了任何的错都值得原谅。但是，当另一位美女团员罗宾出现后，山治的反应是眼冒爱心、血脉偾张，立即看风转舵地爱上了对方。

也许是山治的滥情，让娜美一开始就不愿意接受山

治的爱吧，这种缺乏从一而终的爱情，也不是她想要追求的。

爱情终究是自私的，多情的人最伤人。

山治的多情或许来自于他努力想当个好人，认为讨好迎合他人会让自己更受欢迎。

像他这种烂好人虽然看似人畜无害，其实充满了危险性。在绝大多数的时候，他舍不得伤害任何人，却又不知不觉地伤害了所有人。

真正的好人，专情而不滥情。当他发现感情变质了，走不下去了，会主动提出分手。这样做也许一时之间显得有些残忍，但是再拖下去也不会有好的结果。倘若因为一时放不下而拖拖拉拉，最后反而导致彼此互相憎恶，可能就连过去美好的回忆也会荡然无存。

我的死党詹姆斯和他的女友就把分手这件事处理得很好。他们从初中开始相恋到大学，但是大学毕业，进入社会后，也许是迈入了人生另一个阶段，两人的感情没办法继续维持下去，最后选择了理性的分手，并且都衷心地祝福对方能遇到更好的人。

过了三年，詹姆斯的另一段恋情终于开花结果了，他邀请前女友参加婚礼，对方也大方地出席。

分手是一件很痛苦的事，往往需要一段时间才能走出伤痛。但是，当你真的爱一个人时就要懂得祝福对方。两人好聚好散，也才有机会各自找寻下一段幸福的恋情。

如果一个人不喜欢你，就不会想和你做朋友；如果喜欢你，就不仅仅想和你做朋友。

我们都在等一个可以看穿我们的逞强，保护我们的脆弱，在眼泪掉下来以前，用大大的手掌捂住我们的眼睛，轻声对我们说，眼睛是用来微笑的人。

_35

世界上最动听的情话，是在我最脆弱的时候，你说“有我在”

人在一生中，最幸运的就是遇到一个愿意在患难时拉你一把的人。在《海贼王》里，路飞从天而降闯入了娜美的生命，摧毁恶龙领域，将她从过去八年多的阴影中拯救出来，带领她走向新的人生[1]，而路飞也总是陪伴在她的身边。

很多人认为他们之间只是单纯的伙伴关系，无关乎爱情。路飞也不懂得什么是爱情，只是习惯和娜美相处而已。但是从他们之间的相处之中，你会发觉幸福真的很简单。

幸福就是遇到一位喜欢你开心大笑的人，然后在你笑的时候，他会对着你傻笑，如此而已。

[1] 典出单行本第 11 集。

很多爱情一开始是陪伴，而陪伴听起来简单，却是最难做到的事情。

相信很多情侣都曾遇过一种状况叫“等待”，等待着另一半打来的电话、等待着另一半上 MSN 敲你、陪你吃饭看电影谈心……

在这个快餐爱情的时代，没有多少爱情禁得起等待，也没有多少人愿意花心思去等待。

当你孤单寂寞的时候，你希望对方能默默地陪伴着你；在你难过的时候，什么话都可以对他说；有时，他的一声问候：“吃饭了吗？累不累？”都能在你心里荡漾出一道幸福的涟漪。

在爱情中，让我们刻骨铭心的，往往不是什么甜言蜜语，而是在你伤心落泪时，他适时地说出一句：“别难过，有我在。”

记得有一次去医院探朋友的病时，对面病床住着一个做恶性肿瘤手术的中年妇人，她的先生也随侍在侧。

听住院的朋友说，这对夫妻有两个孩子，儿子今年刚考上大学，女儿念高一，家里有几块玉米田、两头牛，这些是他们全部的家当。

男人的嗓门很大，因此在病房里常常可以清楚听到他在走廊打公用电话回家的内容。他每次都事无巨细地问儿子:“牛是否喂饱了?”“玉米是否施肥了?”“家里要打扫好。”他也吩咐女儿别太晚睡,以免影响第二天上课。最后,千篇一律以一句“你妈的病没什么大碍,过几天我们就回去了”收尾。

连续听了一周的朋友说:“那些琐碎的家务事,我都能背出来了。”

有一天离开病房时,我依然看到男人站在走廊上,喋喋不休地吩咐儿子一些大小事。

突然之间,我惊讶地发现,电话上并没有插电话卡!

正拿着话筒滔滔不绝的男人下意识地抬头,看到我一脸错愕的表情。我指了指电话,男人这才意识到,自己忘了插卡。

“嘘……”男人的食指放在嘴边,示意我别出声。

我一脸疑惑地瞅着男人,小声问了一句:“大哥,你不担心家里的牛和玉米田了吗?”

“我早把田和牛卖掉凑手术费了。”男人低低地回答,随即向我做了个鬼脸,用手指了指病房的门。

那一刻我才恍然大悟,原来男人的电话不是打给家中儿女的,而是“打”给病床上的妻子听的!

真正的爱情，没有玫瑰的浪漫和海誓山盟的矫情，只有默默的守候和陪伴。

真正的爱情，是在朝朝暮暮的相依相伴中，沉淀出细腻而隽永的情感。而最爱你的人，其实正是那个总在你身边一直默默守护的人。

爱，不是你可以买到的东西，
它是一种感觉，一种体会。

幸福就是遇到一位喜欢你开心大
笑的人，然后在你笑的时候，他
会对着你傻笑，如此而已。

36_

专一不是要你一辈子只爱一个人，而是要你爱人时一心一意

日本某个恋爱网站曾经针对日本女性提出问卷调查：“你最希望《海贼王》中的哪个角色当自己的男友？”结果山治中选。

这些女性读者表示，山治爱护女性，而且温柔体贴、经常夸奖女性，还做得一手好菜。如果有山治这样的男友，每天都可以享受公主一样的待遇。

我对这项调查感到十分好奇，也在“海贼王惊点语录粉丝团”做了一次类似的调查：

“谁是《海贼王》里最适合做恋人的男人？”

同样的，在三千名参与投票的粉丝中，山治获得三分之一的票数青睐，超出第二名的索隆一倍以上。

像山治这种风度翩翩的男人会受到大多数女性的青睐，

结果并不令人意外。从这项调查中我们也可以发现，每个人心中其实都渴望被了解、被呵护。只是，山治的博爱精神，让他见一个爱一个，越是漂亮的女生他越是喜欢，无法狠下心来拒绝任何一位，这种无法对其他女生“保持距离”的行为，实在令人不敢苟同。

后来，我在粉丝团又抛出另一个问题：“如果山治最适合做恋人，那么谁最适合做老公？”

有趣的是，在参与投票的三千名粉丝中，反倒是索隆荣获过半数的支持，赢得压倒性胜利。

由此可见，大多数人都期待拥有天长地久的爱情，没有人希望和一个“博爱座”（台湾说法，指处处留情的人）的男人共度一生。

所以，在选择恋爱对象时，倘若你爱上的是一个博爱型的人，那么就要有心理准备，爱情的悲剧可能随时会上演。

博爱型的人通常很能看到别人敏感的地方，扮演密友和向导的角色，擅长与人交际，让你很容易觉得跟他相处起来很舒服。

但是，一个能逗你开心的人，往往就是让你最痛心的人。

我有个好朋友小凯，就好像《海贼王》里的山治，会做菜、爱搞笑，当朋友遇到问题时他总是两肋插刀，对女性也是百般照顾，不太会跟她们保持距离。

小凯有个相恋长达五年的女友，后来还是分手了。女友抱怨说，两个人独处的时候，常常会有别的女生打电话来和小凯聊天，像是遇到了什么感情上的问题，需要小凯的安慰。有时候，小凯也会半夜送女性朋友回家。这些生活上的细节，乍看之下没什么，却是小凯女友提出分手的理由。她觉得自己无法从小凯身上得到充分的安全感和信任。

人的一生不可能只爱一个人，但你可以选择一次只爱一个人。如果你的博爱会让真正爱你的人失去了信任，那么就应该适可而止，因为感情一旦失去了信任，就不可能长久。

一个人快活，两个人生活，三个人你死我活！

有些感情，痛苦的时候最清楚。

37_

爱不是看他可以为你付出多少，而是看他可以为你放弃多少

我在新西兰念书时，曾经和一个当地的女孩交往，她是个美丽大方、善良又孝顺的女生，能够和这样的女孩子交往，我常常觉得这是自己上辈子修来的福气。但就在几年前，我必须结束在当地的生活，不得不离开新西兰回台湾；在回台湾的那个晚上，想到从此之后不能见到对方，我们忍不住相拥而泣，心里十分难受。

远距离的爱情通常很难开花结果，因此，最后我们还是达成协议，选择了分手。放弃这段爱情，着实令人心痛，但我们一致认为，与其未来藕断丝连，不如现在断得干净，让彼此找一个能陪着走得长远的人。放弃了一段感情，虽然很痛苦，但现在想到她，心里头还是毫无怨怼。

在新西兰读书时，我认识了一位来自韩国的女同学洁英，她一直过得很不快乐。虽然父母把她送到新西兰读书，付出了很多心血，但这也造成她和留在韩国的男友分隔两地，两人饱受相思之苦。

她告诉我，自己真的很不想出国，只想跟男友在一起。后来，又过了一个学期，她的父母拗不过她的要求，还是将她接回韩国了。

一年后，我从她的口中得知她和男友分手了，她也很后悔自己没能在新西兰完成学业。

当一个人能为爱情付出很大的代价，可能会在事过境迁后感到懊悔。可是——

人生是无法回头的，或许洁英应该换个念头想想：她这样做，其实是努力实践了自己对于爱情的梦想。

当你很爱一个人的时候，常常不知不觉地会想为这份感情付出更多的努力。

为了守护爱情，许多人可能会放弃更好的发展和机会，甚至是放弃了自我。只是，一旦人失去了自我，对方可能也没那么爱你了。

在《海贼王》里，拥有“全世界最美的女人”称号的女

帝蛇姬，就是一位对于爱情义无反顾，甚至因为路飞患上了相思病的奇女子。这种相思病跟现实生活中的相思病不一样，就连前几代的女帝都是因为患上这种奇特的病而死的。一向精明聪颖的蛇姬为了路飞，率领自己的“九蛇海贼团”，替“草帽海贼团”一伙人阻挡了海军的攻势[1]。这个行为，也让她归顺的世界政府感到不满。假使在蛇姬认识路飞前，问她会不会这样冒险呢？我想答案应该是否定的。不过，爱情就是可以让人付出一切也在所不惜。

炽热的爱情，往往能战胜许多理想和梦想，让人放弃坚持，走向一条从来没想过的道路。

---

[1] 典出单行本第59集。

有些事情明明是错的，却仍然坚持，因为不甘心；有些人明明是爱的，却要去放弃，因为没结局。

有些人能感动你，却不一定爱你；感动只是想得到你，而爱却需要付出自己，所以我们需要的不是能够感动你的人，而是能和你在一起的人。

38_

不要老是等着别人来爱你

《海贼王》主打的虽然是热血和冒险，剧中仍然不时出现一些浪漫的情节，像是佩罗娜和索隆那段若有似无的感情[1]，更是令人为之叫绝。佩罗娜曾经是解决草帽一伙人的主力，最后却将不懂航海术并且路痴的索隆送到香波地群岛，并且趁着海军追拿“草帽海贼团”时，运用自己的特殊能力——悲观鬼魂让海军意识消沉，援护草帽一行人顺利启程。

幽冥公主佩罗娜和索隆，身在不同的阵营，拥有不同的梦想，对世界的看法也不一样。

曾经一度是敌对立场的两人，阴错阳差地流落到了荒岛，陪伴对方整整两年的时间。一开始，佩罗娜只是想找个人排遣寂寞，也喜欢捉弄索隆，却始终没有花时间去理解，自己

[1] 典出单行本第 61 集。

为什么对他如此在意？

这对总是吵来吵去的欢喜冤家在陌生的小岛上朝夕相处，过着天天斗嘴的日子，让读者看得很开心。可是，当索隆离开后，佩罗娜抱着神似索隆的玩偶，露出一脸失落的表情时，她的背影看起来是那么的孤单……

看着他们和幸福擦肩而过，身为读者的我不免埋怨，两人为何不再主动一点？

人生有很多爱人的机会，然而，总有一个人让你笑得最灿烂、哭得最透彻、想得最深刻，只是你往往嘴硬不愿承认而已。

爱一个人就要及时说出口，才不会徒留遗憾。

面对感情，关键不是心里有多爱对方，而是要让对方知道你有多爱他。

很多人在面对爱情时，往往会采取静观其变的方式，以免让自己受到伤害。他们总是有所保留地观察对方的举动，再决定自己的下一步该怎么走，要先衡量对方付出多少，才决定自己要付出多少。

但是，太过斤斤计较的爱情很难维持长久。

许多女人在爱情中表现得很被动，常常矜持地等待男人更进一步的行动，生怕表错情，或把自己搞得太好追。这样的矜持也让她们错失了许多的机会。

爱情，有时候需要两个昏了头的人来点燃爱的火花。

如果你太过理性看待爱情，或者希望不用明说，就能让对方感觉到你的用心，那么也很难点燃爱的火花。爱情需要一点冲动和勇气，而且不是所有人都会在原地等着你，把爱说出来。

面对感情，关键不是心里有多爱对方，而是要让对方知道你有多爱他！

如果有一个人能把你看透还爱你，请好好珍惜。

—39

有些人分开，
是为了让彼此可以过更好的生活

有个朋友前阵子失恋了，像很多人面临分手的第一个反应一样，她觉得很不甘心："他离开了我，可是我还爱着他……"

分手之后，她常常打电话、发短信给前男友，让他不胜其扰，甚至请我们这群朋友劝劝她，能否私底下想开一点。

这世间最残忍的不是得不到的爱，而是已失去的爱。

被迫分手的确令人难过，但真正该难过的是对方，因为你失去的是一个不爱你的人，他却失去了一个深爱他的人。

此时，不甘心也是正常的反应，但死缠烂打也只是浪费彼此的时间。

既然选择了好聚好散，过去就让它过去，就算两人都愿

意回头，曾经的感情也已不纯粹了。

感情是一门需要学习的功课，有些事情就是要经历过才能看清楚。有时候就是要受过伤，才能更茁壮长大。

有人说："情到浓时靠热度，分手以后看风度。"

《海贼王》里的女帝可说是最佳写照。虽然她苦苦单恋路飞两年没有结果，但在离别前，她仍然为路飞打点行囊，提供大量食物和日常用品，让路飞在旅途中没有后顾之忧。之后，在海军舰队准备捉拿路飞一行人时，她也保持风度，率领"九蛇海贼团"为路飞和他的伙伴们阻挡海军的攻势。

爱一个人没有错，爱得自私霸道也没有错。可是一旦爱情变质了、不爱了，不妨给对方离开的自由。

不管是自己还是对方提出分手，分手后最要紧的是安抚自己的情绪。如果知道自己在晚上最容易伤感，不妨在晚上选择做一些能够让自己全神贯注的事，例如找个朋友陪伴，看一场爆笑的电影，多和其他人共同活动，来减轻内心的失落感。

一个人伤心的时候，最傻的就是做一些让自己心情更坏的事，比如回到以前常和恋人去的地方，触景伤情地想着自己一个人好孤单；又或者倾听那些爱情悲歌，让自己的心情更低落。

真正忘记一个人，并非不再想起，而是偶尔想起，也没有关系。

寻找下一段恋情，这也是最快走出伤痛的方法。

如果时间和新欢也不能让你忘记上一段感情，原因只有一个，时间不够长，新欢不够好。千万不要把上一段感情的伤痛带到下一段感情，让另一个人和你一起承担苦果。

很多时候，拿是拿得起，放却放不下。

想要忘记一段感情，方法永远只有一个：时间和新欢。如果时间和新欢也不能让你忘记一段感情，原因只有一个——时间不够长，新欢不够好。

40_

感情不在于付出多少，在于付出的人值不值得

乌索普的父亲耶稣布是一个追求浪漫的男人，他加入“红发海贼团”成为首席狙击手，一头闯进了神秘、刺激、充满冒险和快乐的海域。为了追寻自己的梦想，他把妻儿留在单纯又宁静的小村庄，十七年来一去不复返。他的太太独自抚养儿子，甚至卧病在床也得不到丈夫的关怀[1]。

相信这样的遭遇足以让任何一个女人抓狂，但乌索普的母亲一直到撒手人寰，始终没有对耶稣布有任何怨怼。她用一颗豁达的心教育儿子什么是爱和宽容，对于耶稣布一生在大海中逐梦的行为感到十分骄傲。

在生命的最后一刻，她告诉儿子：“能跟你爸爸结婚我很骄傲，你要成为像你爸爸那样勇敢的人！”

---

[1] 典出单行本第 1 集。

乌索普得益于母亲的教导，内心始终对父亲有着憧憬和期待，把父亲当作英雄来崇拜。

这段令人动容的爱情，发生在连名字都不曾出现的乌索普母亲身上。她让我理解了：原来爱情不必太过执着于完美和对等。

我不敢说这样的爱情到底是好是坏，但无条件地为对方付出、不求回报，正是爱情的可贵之处。

看着乌索普父母的爱情，我领悟到：一段感情的付出不在于对方是否爱你，也不在于对方是不是真心，更不在于他是否会和你一辈子。而是在于你爱不爱他？而你的爱又有多深？我想，乌索普的妈妈，一个在故事中连名字都没有出现过的女人，是因为很爱耶稣布，甚至到了无法自拔的地步，所以始终没有去想这样做到底值不值得，只想到如何尽力为对方付出。

每个人对爱情的诠释以及体验或许不同，但是，如果你爱上了一个人，在付出的过程中，一定会感到很大的快乐。有时候光是想着他就觉得快乐，因为看到他快乐，你也跟着快乐。

如果你很爱一个人时，就不会去想这样的付出到底值不值得。相反的，倘若你不爱对方，即使知道他很爱自己，你也不会付出太多。

爱情，不是用自己的爱去等价交换对方的爱。

真正的爱情不必计较谁付出的比较多、谁付出的比较少，否则就只是一场感情的交易而已，那并不是爱情。

爱，不是寻找一个完美的人，而是学会用欣赏的眼光看待一个不完美的人。

爱情永远和你想的不一样，有太多的外在因素，让爱情变得复杂。

第五章 成长篇

Life is like this,
you lost and you found

41_

人类用一辈子的时间认识自己，才发现这是人生中最困难的事

我曾在“海贼王惊点语录粉丝团”做了一个调查：你觉得自己认识不认识自己？在两分钟的时间里，有超过两百多位的网友选择了“有时候认识，有时候却又很陌生”。

认识自己，的确是一件困难的事。这不是因为“人很难理解”，而是因为我们无时无刻不在改变，就连自己也很难掌握当下的感觉。当我们正在迷惘的时候，不了解自己但却又以为了解自己，就更难走出自我迷失的状态。

《海贼王》里有很多冒险犯难的故事，还有搞笑的情节，但真正让我爱上这部作品的最大原因是主角们在冒险的旅程中，展开了一段认识自己的过程。无论是路飞还是索隆、娜美、山治，他们在年纪还小、人生价值观刚开始成形的时候，就开始确定了明确而且清晰的目标，以及引导他们前进的人。路飞有红发杰克，索隆有老师，山治有哲夫，即使是娜美也

有一个总逼着她画航海图的阿龙。在这部漫画里，我可以明显地看到每个人都在为自己的理想做准备。反观现实生活中的我们，很容易就随波逐流，找不到实现儿时梦想的具体方式。

当我们长大、进入了社会之后常常会发现，儿时的梦想真的就只是梦想而已，不知道在什么时候迷失了自我。

《海贼王》里的罗宾曾经说过："我的梦想有太多敌人了。"[1] 而梦想最大的敌人，就是我们不认识自己。

当你认识自己时，你才知道自己想要的到底是什么。我还记得《海贼王》的动画旁白曾提到一段话："追寻希望的人们与延续希望的人们，想法各有不同而有所迷惘。"原来，人并不会随着成长和经验而走出迷惘，反而有可能因为一些错误的认知、纠结的想法，造成越来越不认识自己。而他人的目光和期待等外在因素，也容易削弱我们掌握人生方向盘的能力。

我有位忘年之交，是个工作狂，他把大半辈子的时间都奉献给了工作，每天忙得不亦乐乎。

有一次，老板给了他两周的假期，强迫他休假，但是他

[1] 典出单行本第 24 集。

闲不住，在假期里又给自己找了一个新的任务——攀登高峰。

在他征服了人生中第一座高峰后，我收到他发来的短信，上面写着在登顶的那一刻，看到眼前的美景时，带给他一种前所未有的单纯感动。

在攀山越岭的过程中他突然发现，过去的自己耗费了许多时间和心力在工作上，却从没有仔细想过，自己到底是谁？自己的人生在追求什么？什么才是真正的幸福？

一个人要认识自己，幸福才有机会认识你。

有时候我会觉得，每个人都想认识幸福，却忘了先认识自己。事实上，没有人可以帮你认识自己，你必须学会观察自己的内心，才能真正认识自己。当你越认识自己，就越能很好地调整步伐，找出最适合自己行走的道路。因此，有时不妨回头去认真检视一下自己，想想自己曾经做过的一些事情，重新找回失落的自己。

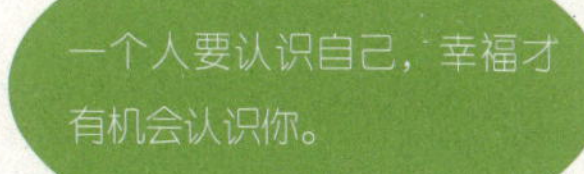

要让别人微笑，先让自己微笑。

42_

时间不会让人忘记很多事情，只会让人习惯很多事情

在《海贼王》中，路飞的哥哥艾斯入狱后[1]，路飞用尽了一切力量努力营救他。但艾斯为了保护路飞，还是牺牲了自己的生命[2]，这个结果让路飞几乎崩溃，他在艾斯去世之后也变得自暴自弃。

后来，吉贝尔问他："你还有什么？"[3]

路飞伸出手，一个一个地细数着身边每一个伙伴……终于恍然大悟，即使在迈向海贼王的道路上已经看不见艾斯的身影，他还是必须实现和艾斯最初的约定。

由于意识到有一群死忠的伙伴始终陪伴着他，路飞决心重新振作，他花了两年的时间沉淀和充实自我，也和原本散

---

[1] 典出单行本第 53 集。

[2] 典出单行本第 59 集。

[3] 典出单行本第 60 集。

落在各地的伙伴们团聚，继续展开追逐梦想的旅程。

艾斯的死之于路飞，就像是成长过程中的痛。

路飞选择了勇敢面对，而不是像个鸵鸟似的把自己的头埋进沙堆中，假装痛苦不存在。

看到这一幕时，我开始思考：当一个人的生命走到尽头时，什么是他最想完成的事情？面对死亡这个自出生后就注定无法逃脱的命运，我尚未准备好，万一有一天它发生在我挚爱的人身上，我实在不知道该怎样去面对心中的悲伤和不舍。

面对死亡，相信每个人都会感到震惊，它也令我们深深意识到，人活在世界上是多么寂寞。面对死亡的阴影和恐惧，我们开始希望能做一些让生命更有意义的事情。

时间会让你习惯很多原本不习惯的事。

当面临到一些人生中的巨大变故，像生病、失恋、失业、失去至亲……一时之间往往会让人难以接受。幸好，随着时间的流逝，那些生命中无法承受之重将逐渐远去，时间会帮助我们承受一些原本无法面对的事实，也会帮助我们慢慢理解，即使失去了一些重要的东西、所爱的人，这个世界上还有很多值得追求的人和事。

人生中充满各式各样的可能，而时间总会带给你一些意想不到的礼物，只是或早或晚得到。

这世上没有命中注定的哀愁，只有不肯放手的执着。因此，面对生命中的恐惧、挫折和失落的时候，不要一味地躲进自己的象牙塔里，请试着睁大眼睛，用心看看这个仍然拥有许多未知美好的世界吧！

有时候，我们不得不假装很快乐，只是为了不让别人问：“你还好吗？”

有时候，人之所以紧抓着回忆不放，是因为回忆是唯一不会变的东西，就算一切都已经沧海桑田。

43

接受帮助不代表你失败了，而是代表你不孤单

我们的人生中，充满各种大大小小的选择，即使这些选择的结果没有人评价，我们也常常会质疑自己所做的决定是否正确。

在人生中，每一次的选择都是一种未知数，也是一种挑战。面对爱情，有些人选择了忠诚，却让自己受伤；面对困难和挑战，有些人虽然恐惧不安，仍然选择了勇敢以对；面对层出不穷的考验，有些人认为逃避不是解决问题的办法，因此选择了正面迎击。

成长的道路不是一帆风顺的，每个人都是一路跌跌撞撞地走来。但是大多时候，当我们遭遇到困难时，往往会想要和别人保持一些距离，宁可将痛苦往自己的肚子里吞，也不希望对方看穿自己的软弱，或是被贴上“失败者”的标签。

世上最可怕的东西不是别人的评价，而是你自己的想法。

几年前，我在工作上因为过于坚持自己的想法，而拒绝了一些人的好意，也错失了和其他人一起共事、切磋的机会。事过境迁后，我发现当时自己其实是选择了把自己封闭起来，不让自己受伤。

后来，在工作场合，接触的人和事越来越多，得到的回馈也越来越多，我才发现一件事：选择接受别人的帮助，并不代表自己是失败的。

在《海贼王》中，娜美面对“恶龙海贼团”以全村安危受威胁时，她没有选择离开村子远走高飞，或是愤世嫉俗、怨天尤人。由于她无法凭一己之力打败敌人，也不愿村民们受到任何伤害，因此她流着泪对路飞说：“请帮助我！”[1]

义愤填膺的路飞立刻把自己最重视的草帽交予她保管，并率领伙伴们与恶龙决战，打败恶龙后，他对娜美大喊：“你永远是我的伙伴！”

最后，娜美毅然加入了“草帽海贼团”，拥有一群生死与共的好伙伴。

---

[1] 典出单行本第 8 集。

相较于娜美的主动积极，相信现实世界中的你和我都一样，曾经在面对各种难题时，脑海里浮现了想要逃走的念头，也曾经为了好面子而拒绝别人伸出的援手。

其实，放下身段没有那么难，当你愿意坦然面对自己的弱点，敞开心胸接受他人的帮助时，相对，人生就不会那么孤单。

记住对你好的每一个人，因为他们没有义务对你好，也根本不需要这么做。

44_

别太在意那些批评你的人，因为他们，也不见得比你强

在“海贼王惊点语录粉丝团”人数突破十万人次时，我上网搜寻了网友们的看法。当我看到那些留言时有些震惊，有人说我无病呻吟，有人说我哗众取宠，也有人一语带过：“我就是不喜欢冒牌生！”

这些评价有中文，有英文，留言者从十几岁的青少年到四十几岁的中年人，从学生到上班族都有。

看了那些文字，我的第一个感觉是，这些网友口中的“冒牌生”，真的是我吗？我甚至开始质疑自己，到底是不是他们口中所评价的那个人。

然后，我很沮丧地发现，这个世界没有我想象中的那么欣赏我、接受我。

我承认自己一开始的确被那些流言蜚语所影响，变得很

在意网友的言论，或者说，我很怕别人不喜欢我。

最可怕的不是别人的评价，而是你对自己的错误想法。

这种沮丧的心情持续了好一阵子。直到有一天，我收到一封来自网友的信。写信的人告诉我，她是个普通的上班族，虽然没有仔细看过海贼王的漫画或卡通，但她却被我的文字感动，她想问问我，当初为何会想到成立这个粉丝团？

于是，我开始认真思考自己成立“海贼王惊点语录粉丝团”的初衷，是希望能够借由这些文字和图片，鼓励那些处于“失落年代”的年轻人，也包括我自己。

在重新思考这段来时路的过程中，我也发现自己完全搞错了方向。真正的问题，其实不在于别人怎么看我，而是我要怎么看自己。

换个角度来想，想要全世界的人都喜欢自己其实也是不可能的。这个世界上有千千万万的人，不可能所有的人都喜欢自己，但总是会有一小群喜欢自己、与自己气味相投的人。

想通了这点以后，我又重新在搜寻网站上输入了“海贼王惊点语录”几个字，这次我看到的东西完全不一样了。我开始发现，许多人转载我的帖子，许多人在网络杂志和facebook中说被我的文字感动……甚至还有人把“海贼王惊点语录”制作成手工笔记本，因为这些话让他在困顿的生活之中得到了鼓舞的力量。

于是，我不再纠结于有些人不喜欢我这件事上，而是把注意力花在那些真正在乎我的人身上，并且用自己有限的力量，去帮助其他的人。

此外，我也发现，对于过得快不快乐、幸不幸福，自己的观点比别人的看法来得更重要。

一个快乐的人不是看不到伤痛，而是不会被伤痛蒙蔽了双眼。

人生中有苦有乐，也有许多沉重的包袱，如果你太在乎别人批判的眼光，负担只会更重。如果你总是把事情想得太复杂，手握得太紧，信念会碎，手会疼。

对你严厉的并不见得对你坏，而
对你温柔的也不一定是对你好。

生活是甜的也好，苦的也好，
只要不是没味道的就好。

45_

面对人生大小事，
宁愿笑着流泪，
也不要哭着说后悔

又有一次，我在粉丝团做了“你最后悔的是什么”的问卷调查，投票结果显示，前三名分别是后悔少了勇气；后悔年轻时不够努力，以致一事无成；后悔自己还没有努力就放弃。

大部分的人其实都缺乏冒险的勇气，而那些拥有冒险精神的人，由于不安于现状，积极进取，成功的机会往往也比那些只求平静安稳过一生的人来得高。

人生可以选择安稳，但也需要敢于冒险的精神。

大家还记得，路飞一开始踏上冒险的旅途时是孤单一人，没有船也没有朋友吗？他一个人藏身在木桶中，在波涛汹涌的大海中漂流着……现在回想起那个画面，都觉得似乎有些凄惨。可是，当路飞高举着双拳从木桶中冲出，大喊“睡得

好舒服”的那一刻，我完全被他全身散发出的闪耀光芒给折服了！

天性乐观、少根筋的路飞，全身充满了冲劲，加上随机应变的能力，使得他从东海到新世界，一路走来，有惊无险。在崎岖的冒险路上，更是不断地化险为夷。

路飞积极进取、满怀希望地生活，一直是我努力追求的目标。人不是完美的，就连路飞也不是样样懂、样样行。但是他懂得团队合作，在旅途中招募了其他的伙伴，无论是索隆、娜美、山治……他们都各有所长，大家一起互相扶持，经历惊涛骇浪的冒险，努力找寻成功的宝藏。

成功不会平白无故地从天上掉下来，在人生的道路中，我们一定会遭遇无数次的失败，但是，真正的强者不轻言失败，也不轻易放弃自己的理想。他们努力付出行动，抓住机运，甚至改变命运。

当我们年轻的时侯，心中总有各式各样的想法，轻易地就把梦想挂在嘴边。只是，我们常常手里拿着一张梦想的藏宝图，为自己的人生做了许多规划，却忘了出发的重要性，以致许多年后，仍然在原地踏步。

在成长的路途中，我们都曾一次又一次地站在交岔路口徘徊，需要更多前进的勇气。我非常喜欢杰克送给路飞的一

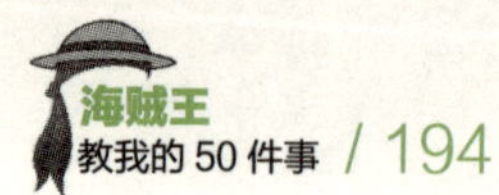

段话："胜利和失败都要品尝，经历了四处逃窜的辛酸、痛苦伤心的回忆，才能真正独当一面，就算痛哭流涕也没关系，一定要闯过这一关！"[1]

当你在人生路途上犹豫不决时，千万不要忘记自己当初是为了什么目的而出发的。很多时候，我们不缺梦想，缺少的只是坚持下去的决心和魄力。不要在事情开始的时候畏首畏尾，也不要在事情进行的时候瞻前顾后，唯有秉持初衷，勇往直前，将来才不会哭着说后悔。

---

[1] 典出单行本第 60 集。

任何事都说“还好”“随便”“不差”的人最难搞。

与其为那些无能为力的事情烦恼，还不如全力以赴，去完成自己所能达成的事情。

46_

人常常为了寻找快乐，而错过快乐

在童话故事里，经常以主角从此过着幸福快乐的日子作为美满的结局。但生活在现实世界中的我们，常常被生活中的包袱和现实的压力包围，往往无法随心所欲地过自己想要的生活。

生活令人感到倦怠，有时候不是因为不顺心的事情太多，而是我们常常对某些人和事太过执着。

看不开、想不透、做不到，是造成人们不快乐的主要原因。

过去，我常常因为一些事情生闷气，但事过境迁后才发现，那些让我大动肝火的事情其实也没什么大不了。若是抱持着完美主义的想法过日子，只会带来更多的痛苦而已。

每个人都希望拥有快乐的生活，有些人不断从书本中找寻快乐的秘诀；有些人借由一些娱乐，好比说看电影、唱歌来忘却生活上的一些不愉快。

许多不快乐的事情，也许是挫折造成的，也有可能是不满足的心造成的。

当你感到不快乐的时候，不妨想一想，做这件事的初衷是什么？它真的是你想做的、还是你必须要做的事情？无论是哪一种，它们都不是为了让你不快乐而存在的。

快乐其实是一种生活态度。当你不再执着于快乐与否时，你会发现，生活一下子变得轻松很多。

快乐也是自找的，要靠自己努力去追求。如果只是一味寄望别人带给你快乐，那么即使快乐也是短暂的。有时候，你只要换个想法，转个念头，人生就会变得更好。遇到挫折、失败时，不妨保持乐观的心情，用幽默的眼光来看待这些不愉快的事情。

快乐是需要练习的，不妨练习把自己当作是一个快乐的人，从说话或行动表现出快乐的特质，例如，把嘴角上扬，露出灿烂的笑脸。一个总是眉头深锁、快快不乐的人，别人也很难亲近他，这不是说我们要戴着面具生活，而是要培养发自内心的快乐。

乐观的人比较容易感到快乐。因为太过悲观会让人压抑，一旦压抑就容易感到无力，生活没有目标，成为一个不快乐的人。不快乐的人，即便看到灿烂的阳光也只会注意到地上的阴影；看到绚烂的彩虹也会想到之前的暴风骤雨。

乐观不见得能让你获得绝对的快乐，但绝对能缩短痛苦的时间。

乐观不见得能让你获得绝对的快乐，
但绝对能缩短痛苦的时间。

47_

你的人生不是任何人的番外篇或续集，你就是主角

现在的年轻人，大多在衣食无缺的环境下长大，父母往往给予他们无微不至的照顾。从上哪一所幼儿园，到念哪一所大学、选什么专业、从事什么工作……父母都竭尽所能地安排妥当，但却常常忽略了他们眼中所谓“最好的”，是否真的适合孩子，是孩子真正想要的？

我也可以说是在这样的环境中长大的。从小到大，我习惯听从父母的意见，知道他们所做的一切安排都是为了我自己好，因此，即使隐约觉得哪里不对劲，也只是默默地接受。

和每个孩子一样，有一天当我长大了、懂事了，认识了这个世界上的真善美、贪嗔痴，从成长的过程中学会感恩、学会爱……学会了很多很多东西，其中，也学到了一件事：

每个人都应当学习独立地面对自己的未来。

我有个朋友叫天天，他的父母在演艺工作上有一定的成就。他也对演艺圈怀有憧憬，因此在国外读完书后，决定进入演艺圈，而不是做一个朝九晚五的上班族。

可是，在演艺圈也许有同行的大哥大姐会看在父母的面子上照顾你，但观众不会因为父母的关系喜欢你。因此，他的演艺之路走得没有想象中顺遂。

过了一两年，天天的演艺成绩仍然不见起色，但周遭的朋友却一个一个在人生路上有所成就，不是成家就是立业，似乎只有他一事无成。最后，他决定离开演艺圈，踏入原本大学就读的商科领域，做一个平凡的上班族。

我知道他有多么喜欢演艺工作，于是问他："为什么不坚持自己的梦想继续在演艺路上奋斗？"

他告诉我："有些事情试过就好。"

我不能说他的决定是对是错，但有件事是千真万确的：父母不会跟你一辈子。一旦离开了父母的庇荫和保护，你必须学会站在人生的舞台上，为自己的所有决定负责任。

人只有自己想要的东西才会珍惜，而且经过磨炼才会成熟。

你的人生不是任何人的番外篇或续集，你就是主角。

_48

每个人都是梦想家，有时候梦醒了，就只剩下想家了

二十几岁的年纪，正处于人生的黄金时期，虽然对于未来有许多不确定，但也充满着无限的可能。

但是，今年生日，当我吹熄蛋糕上最后一根蜡烛时才发现，自己其实距离三十而立不远了，内心顿时百感交集，感到一股不知名的惆怅。

我相信很多人都有这样的感觉，认为三十岁是人生的转折点。然而，当离这个数字越来越近时，才发觉它不只是个数字而已，也代表了更多的责任，包括工作上、感情上以及家庭的责任。

偶尔回到家，看见父母佝偻的身躯，心里不禁有点难过。在我的眼中，他们已不再像小时候一样高大、无所不能，体力也大不如从前。因此，我常打电话回家，叮嘱他们要注意自己的身体健康。

不知从何时开始，父母也开始依赖我，家里有事的时候一定会找我商量，像个孩子一样地向我抱怨一些生活琐事，希望能得到我的安慰。虽然他们不会要求我做些什么，但我可以明显感受到，他们需要孩子的关心。

记得自己刚从国外回来的时候，一心想离开家闯出个名堂，不见得要多么辉煌的成功，但至少要能养得活自己。于是，我没有给自己太多时间，就一头钻进了职场，开始为工作打拼。

有一次在家里看电视，新闻报道上说有个游民在大卖场里游荡，后来被人发现原来他的家在南部颇有家业。记者问他为什么要在大卖场里游荡，他说，当初跟父母大吵一架后想到台北来闯一闯，现在失败了，也没有脸回家了。

看到这个新闻时，初入职场的我心有戚戚焉。当时，母亲也语重心长地对我说了一段话："不要学这个游民，就算家人有时候会吵架，但吵过就算了，当你在外面受伤了，要记得，家门总是为你敞开的。"

的确，在人生路上，梦想和家人同样重要。毕竟当你有所成就时，没有心爱的家人在一旁为你喝彩，一起分享心中的喜悦，那么成功的滋味品尝起来，似乎也变得淡而无味了。

只要人活着，梦想就可以不断传承下去。

49_

如果全世界都相信你做得到，那你还有什么理由怀疑自己

在《海贼王》里，红发杰克和路飞在因缘际会之下，结下了不解之缘。

红发杰克是“红发海贼团”的船长，个性就像大海般自由开阔，总是开怀大笑，面对山贼的挑衅时，也能够一笑置之。他对于路飞的影响很深，甚至因为路飞而失去了左臂，但这也让小小年纪的路飞对于海上生活有了向往，一心追寻成为“海贼王”的梦想。

红发杰克相信虽然路飞年纪虽小，但总有一天定能成为了不起的海贼，因此留下了草帽，作为两人之间的约定。多年后，当红发杰克看到海贼悬赏单里路飞的笑脸，立刻和伙伴们一同举杯庆祝[1]。

---

[1] 典出单行本第 1 集。

事实上，路飞一开始根本不知道该怎么当海贼，但是他从来没有怀疑过自己做得到，即使内心有时候也会出现质疑的声音，但他仍然选择了相信自己。

有一次，我的朋友尼克从香港出差回来，打电话约我周末出来聚餐。他是个成功的商人，靠着卖衣服白手起家，在五年之内，就成为该品牌的地区代理商。

我很佩服他三十岁不到，就有如此成功的事业，也知道他为了成功，背后付出了多少不为人知的努力。因此，忍不住问他："你为什么这么能吃苦呢？难道你不觉得辛苦、不觉得累吗？"

他很惊讶地看着我："我不觉得这叫作吃苦，我只是在做自己该做的事情啊！有时候当然也会觉得累，但是为了生存，为了理想，为了自己的信念，我不允许自己退缩……"

"有时候我觉得做一件小事情都会觉得困难，你是怎么办到的呢？"我继续追问。

他笑了笑说："世界上没有一件事是不困难的，也没有一件工作是一帆风顺的，一个人就连吞口水都有可能被呛到，更何况是复杂的事情。可是，如果连你自己都不相信自己做得到，都告诉自己做这件事有困难，又有谁能帮你做到呢？"

最后他告诉我，觉得自己行不行，有时只在一念之间。不要为自己的能力设限，也不要为自己的目标默认立场。

一旦你在心里暗示自己做不到，那么想要做得好就更难了。

从这位朋友分享自己成功经验的一席话中，我发现了信念是多么重要：

想要成功，就要相信自己做得到。

一个人要先相信自己，别人才会相信你。如果连你都不相信自己的能力，别人又怎么会相信你？

但是，有一种情况是，即使别人认为我们有实力做得到，我们仍然怀疑自己是否能做得好？这是因为自信心不足造成的。

自信不是盲目地相信自己，而是了解自己的优缺点之后，尽力发挥最大的潜能。每个人都是独一无二的个体，都有擅长以及不足的地方，适度的自信可以帮助我们激发潜能，在人生的舞台上发光发热。

最美丽的人生风景不是在过去，也不是在未来，而是在我们此时此刻的努力，以及每分每秒的坚持和希望之中。

别为自己的怯懦找借口，这会成为你追求美好人生的阻碍。

50_

人生没有过不去的事，只有过不去的心

在《海贼王》里，主角们大多身世多舛，娜美是战地孤儿[1]；弗兰奇是弃婴[2]；山治小时候流落荒岛差点饿死[3]；乔巴一出生就得不到族人的认同[4]；路飞虽然跟着爷爷生活，可是爷爷为人严厉[5]，所以日子并不好过。但是路飞天性乐观，对于人生抱持着正面的态度，不管遇到什么困难，永不放弃，不管遇到什么样的敌人，对手有多强，也相信自己一定能将其打飞。他的乐观和勇气，不知不觉中感染了广大的读者们。

---

[1] 典出单行本第 9 集。

[2] 典出单行本第 37 集。

[3] 典出单行本第 7 集。

[4] 典出单行本第 16 集。

[5] 典出单行本第 59 集。

原来，我们会喜欢《海贼王》，是因为它能带给人勇气！

看多了《海贼王》，每次遇到困难、不开心的事情，我常常会想：“如果是路飞遇到这样的事，他会怎么做？”他会像我一样感到绝望、想要放弃吗……一股勇气也油然而生。

看了十年的《海贼王》，我发现作者尾田荣一郎带给我的不只是看了以后的激情澎湃，还有爱惜自己的生命、珍惜伙伴之间的友情、重视团队精神、相信自己的梦想……而更重要的是，它让我理解到：人生没有过不去的事，只有过不去的心。

生活中总会发生一些突如其来的事情，打断了我们原本的计划和期待。有句话说“变化是唯一不变的事”。就像地球绕着太阳转是不变的定律一样，面对人生中各种变量，我们也许无法逆转局势，但至少能改变看事情的角度。

人生就像一面镜子，折射的是自己的心情。当你放开心，人生就是多彩美丽的；揪着心，人生就是黑白的。

最后，请记住路飞的名言：“能在这片大海自由自在翱翔的人，就是海贼王！”

人只要活在世界上就一定会有烦恼，但要选择快乐或痛苦的生活，取决于我们的内心。

PIRATE KING

为梦想而受伤，永远值得骄傲

海贼王教我的50件事

冒牌生 著

与其在等待中浪费青春，不如在追求中燃烧生命！
不要迟疑，开创属于你的伟大航道吧！
九把刀、王伟忠联袂热血推荐！